拱橋

We are all connected.

方舟文化

TREMENDOUS

狗屁倒灶

THE LIFE OF A COMEDY SAVAGE

JOEY "COCO" DIAZ

喬伊・「可可」・狄亞茲、

艾瑞卡・弗洛倫丁（Erica Florentine）／著

朱家鴻／譯

本書內容由喬伊・狄亞茲的筆記與回憶編纂而成，為保護隱私，書中提及的人名與個人資訊皆已調整或刪除。書中對話段落若出現引號，代表作者（幾乎）可以確定引號內的文字為發話人的原話，且（或）這些文字能準確傳達發話人的發言目的。

僅以此書獻給我的母親……老媽，我成功了。

Part 1

第一部　我的童年

請你們不要誤會，老媽不是我的童年過得如此荒誕的主因，
她只是其中一員而已。

紐約・街頭・生活。和修女幹架。我的第一次。老媽。古巴傳統。成為悲劇主角。

Part 2

第二部　犯罪生涯

我已經沒有家人了，沒有人會期待我成為好學生，
更不會有人期許我會成為一個更好的人，或是把我當成依靠。
於是我對自己說：「管他的，我這輩子就這樣了。」

古柯鹼。感染人生的疑難雜症。社會底層。別相信暈船仔。女兒。講幹話。

Part 3

第三部　喜劇人生

我得跟你們說一句實話，這種狀態遠比任何毒品帶來的快感爽，也比所有違法犯紀的行為更刺激。

在踏上舞臺的那一刻，我就知道自己找到人生的歸屬感了。

人生目標。治療人生的疑難雜症。喜劇。演員。救贖。埋頭苦幹。日復一日。男人。

前言

把我當成人生楷模（吸毒跟搶劫的部分請先不要）

我老媽這一生活得兢兢業業，所以我從小就親眼見證了埋頭苦幹的生活是什麼樣子。曾經我也想向她看齊，但說真的，我的埋頭苦幹[1]（幹的都是一些壞事）不僅讓我走上黑化的道路，也令我的人生變成一坨狗屎（有次我連續嗑了好幾天古柯鹼，搞到腦子出問題，居然自己打電話報警……而且打了好幾通）。還有，我曾綁架過人，這些荒唐事稍後都會提到。老媽希望我能成為一個正直的人，我不僅讓她失望，也讓自己失望了，而且是透頂那種（不過這並非我的本意）。

到了最後，我的生活終於隨著喜劇事業一起好轉，曾經的錯誤就像過眼雲煙，無法再定義我的價值。現在對我來說最重要的事情，就是與觀眾連結。我花了好幾年的時間才開竅，找到單口喜劇的祕訣。雖然不知道效果如何，但我開始把自己經歷過那些狗屁倒灶的破事當成段子，沒想到居然真的有人喜歡聽（喬叔感激不盡）。我的粉絲開始變多，而我

1 編按：「hustle」一詞也有做非法勾當賺錢、販毒之意。

也將他們視為我最重要的家人，成為眾人口中的喬叔（Uncle Joey）。

若你聽過我的播客或看過我的表演，一定知道我的人生並不完美，而這也是我撰寫此書的動機。

我想把自己的一切都說給你們聽，其中有好有壞，還有各種笑料（為保護個人隱私，我更改了一些人名與細節）。如果你正處於人生低潮期，那我衷心希望本書能讓帶給你信心，讓你知道自己一定能度過難關，並找到幸福與成功（相信我，你可以的）。

我的人生不僅觸過底，還突破底線，沉迷於犯罪與古柯鹼，活得根本不像個正常人，但最後我還是浴火重生了。

我寫這本書不是為了賺取你們的熱淚，當然，書中有些地方確實很悲情，但這些感傷不過是構成我整體人生的一部分。所有人肩上都背負著不堪的往事，我的包袱就是我人生前半場的故事。

目前我位於紐澤西家中，正在鍵盤上敲打這段文字，我的美女太太特瑞（Terrie）和寶貝女兒莫希（Mercy）出門了，待會我們三人會一起共進晚餐。我打算晚餐結束後呼點麻，思考明天《喬叔小酒館》（*Uncle Joey's Joint*）要講什麼內容。其實，這就是我夢寐以求的人生樣貌。

我父親在我年紀還小時就去世了，拉薩羅（Lazaro）舅舅跟我講了很多關於他的事，他說我跟爸爸很像。我們的相似之處不僅外貌，就連行為舉止也一樣，尤其是喜歡埋頭苦幹的性格（原來我的埋頭苦幹不只是遺傳自媽媽）。有時候，**當我回顧自己走過的路時，會發現就是這種埋頭苦幹的性格在支撐著我**。

在我決定要透過喜劇扭轉人生那一刻起，我就沒有缺席過任何一場表演機會。**即便生活不穩定，我依舊日復一日、夜復一夜的登臺、搞砸、練習、專注**。我的人生前半場差點就毀在埋頭苦幹上，但到了最後，我也是因為埋頭苦幹得到救贖。

我建議你效仿我的行為，不要缺席，繼續埋頭苦幹（但幹的必須是好事）。把我當成你的人生楷模（吸毒跟搶劫的部分請先不要），盡力實現自己的夢想！

如果你的人生一帆風順，讀這本書單純只是想找點樂子，我覺得完全ＯＫ，恁爸有一卡車笑料可以與你分享。

在寫這本書時，我突然發現自己有好多話想說、好多事想與你們分享。如果要把我的人生經歷都記錄下來的話，可能要寫二十本才夠，我的人生沒有冷場時刻。

希望你們這群雞掰人會喜歡這本書。

第一部

我的童年

請你們不要誤會，老媽不是我的童年過得如此荒誕的主因，她只是其中一員而已。

第一章

你想不想看屍體？

雖然我刻意裝出一副冷靜的樣子，

但內心卻在吶喊：「靠北，怎麼會這樣？」

直到見到真人屍體的那一刻，我才算是看見了紐約的真面目。

一九八四年冬季，大多時候我都窩居在紐澤西州，北伯根鎮中一艘鏽跡斑斑的火箭中。那年的我二十一歲，身分是一名無家可歸的孤兒；所謂的火箭，其實只是我小時候常去的公園裡的遊樂設施。這艘火箭頂部的密封性不錯，幫助我熬過了無數冷颼颼的夜晚。我每天晚上都會爬上火箭的二樓（我的閣樓），努力把自己塞進狹小的空間。我沒有被子，能用來禦寒的只有身上的外套，以及一些臨時找到的保暖衣物。

那幾年的我一無所有，既沒有固定的住所，還到處闖禍，導致親朋好友一個個離我遠去。我吸過毒、搶過劫、開過槍，只要是你能想到的壞事我都幹過，因此根本沒人想和我扯上關係，我也不怪他們。

其實我真的不壞，我只是染上了毒癮且無法打破負面循環而已。每天早上從火箭閣樓中醒來時，我都會在腦中回顧自己墮落的過程。我究竟是如何淪落至此？我覺得答案是環境與教養，但請你們不要誤會我的母親，老媽對我的照顧可謂無微不至；我的意思是，我在成長過程中遇見了一些不該遇見的人。

老媽的真名是德諾拉·瓦爾德斯（Denora Valdez），別名是蘇菲亞·瑟西利歐（Sophia Cecillio）；在我三歲那年，老媽就跟著老爸和我從古巴移民到紐約。我的父親名叫馬諾洛（Manolo），他在抵達紐約後沒幾年就因誤吸海洛因而身亡。對了，我還有一個姊姊，但不知道為什麼，他們無法將她弄出古巴，所以我們家就只剩下一對孤兒寡母。

老媽在紐澤西州尤寧城開了一間名叫時鐘（El Reloj）的酒吧，由於尤寧城是美國第二大的古巴社區（第一是邁阿密市），所以我跟老媽在美國過得其實還挺不錯的，童年大部分時間也都是在這間酒吧度過。除了經營酒吧，老媽還在布朗克斯開了間乾洗店，並在裡面搞些非法簽賭的勾當。總而言之，只要是能賺錢的事情她都幹，如果這件事跟賭博有關，她更是會義無反顧的去做。老媽不僅是個超級爛賭鬼，還是個超級狠角色。

老媽的身高約一百五十八公分，習慣把烏黑的秀髮盤成蜂巢頭造型。她是那種你只會在別人口中聽說的「超硬核古巴女人」，這個世界上沒有人可以占她便宜……我是說真的，沒有人。

我媽之所以有另一個名字，是因為她在古巴曾用酒瓶捅過人，所以必須用假名才能移民到美國。老媽之所以會捅爆那個男的，是因為對方強姦了她的妹妹；只要碰上這種事，她是絕對不可能忍氣吞聲的。**老媽比周遭所有男人都強悍**，眾人也相當尊重她，她的財力和街頭智慧絲毫不亞於男性，也從沒怕過任何人事物。

由於老媽不信任托兒所，所以移民到美國後，她就讓我整天待在酒吧裡。我們每天的例行公事如下：老媽起床後會先在家裡喝幾杯，然後帶著我到酒吧準備十一點鐘開門營業。抵達酒吧後，她會用口紅在二十五美分硬幣上做個記號（我忘了她這樣做的原因），然後點一首東尼．班奈特（Tony Bennett）的〈我不想走〉（*I Wanna Be Around*）。接著，她會在我父親的畫像前倒一杯酒並放上一根香菸以表紀念。我們每天都要走一遍相同的流程，雷打不動。

酒吧裡的味道從沒變過，永遠都是菸絲與酒精融合後的氣味，燈泡則總是散發著昏暗的光線。酒吧是木質建築，被漆成黑色，形狀是長方形，長度約為十公尺，最深處擺了一臺永遠只播放體育節目的電視，所有座位都鋪上了絲絨布。老媽在酒吧裡擺了一架彈珠臺、一臺沙狐球桌[1]跟撞球桌，甚至還安裝了一個舊式付費電話亭，就是那種可以完全關起門來講電話的電話亭。

我在酒吧的工作是負責表演炒熱氣氛，不停耍猴戲取悅酒客，如果你沒看到我在眾人面前扭腰擺臀，就代表我正在招呼客人（大多是些經常光臨的古巴人），跟他們打屁哈啦。

我認識店裡大多客人，也認識他們的另一半，所以每當我看見已婚男在跟**陌生妹子**搭訕，我就會湊上前去說些風涼話，直到他們掏出三張一元鈔票叫我滾到旁邊玩沙。如果同一個人在把妹又被我逮到，我就會把封口費加碼到五塊錢，到最後我乾脆直接要他們買一瓶二十塊的保密汽水，如果他們拒絕，我就會踢爆他們的豬哥事蹟。

有時候警察來臨檢時會看見我，但他們也只是睜一隻眼閉一隻眼，我想可能是因為我

1 編按：Shuffleboard，一種在桌上滑動球餅（硬幣）的遊戲。

老媽跟**他們**談好了一些互惠條件。

在擔任熱場表演者的空檔，我可以到老媽為我準備的小房間裡補眠，但也只能瞇個幾分鐘而已。我記得剛到美國時，我還是個害羞且英文不太流利的孩子，而在酒吧工作的經歷讓我變得更有自信。除了娛樂顧客，我還有其他工作要做，例如補貨、拖地、掃廁所，我記得有次女廁馬桶塞住了，當時還是孩子的我便徒手從馬桶裡撈出一片沾滿血的衛生棉（我不知道那是什麼）。打掃廁所可以說是最噁心的工作，但因為在酒吧工作做有錢拿，所以其實我也不是很在意。

所有派對都應該有明確的結束時間

我們會在酒吧休息時間到佐拉達（Zoraida）家稍作停留，佐拉達是老媽的超級姊妹淘，也是哈林區數一數二的大咖毒販，而我也在她家目睹了一些小孩不該看見的東西。老媽跟佐拉達在古巴時就認識了，自從老媽幫佐拉達逃離家暴渣男老公的魔爪後，她倆的感情就升級成無話不談的密友。老媽和佐拉達不僅讓我見識到友誼的真諦，還讓我了解到**在休息時間吸幾口古柯鹼不過是日常消遣**。

每當我們到佐拉達家作客，老媽跟她都會拉掉好幾條白粉[2]。說真的，除了分享最近買的新衣服、吸古柯鹼跟喝酒，我真心不知道我們每天下午到佐拉達阿姨家還有什麼其他目的。

吸完白粉後，老媽會帶著我去添購一些酒吧要用的東西，例如到唱片行買一些新唱片、到市場領取訂購的食材。我們通常都會到中餐廳解決午飯，如果心血來潮想吃點好的就會到牛排館。如果是夏天，我們下午一定會抽空去看紐約大都會隊比賽（解一下我媽的賭癮），坐在右外野的位置朝未來的名人堂球員羅斯提．史陶布（Rusty Staub）丟雞翅骨頭。

之後老媽會到她的乾洗店（aka 非法簽賭中心）巡一下田水，並在關心員工之餘順便下個幾注，而我的任務則是從辦公室冰箱拿出冰啤酒給大家喝；如果冰箱沒有庫存，就要到附近的酒鋪補貨。沒錯，老媽的乾洗店實際在經營的是非法搏利塔（Bolita）[3]彩票簽賭，但當年就**連警察都會跑來下注了，又有誰敢來檢舉她？**

我們在趕回去接手晚班的工作前會快速解決晚餐，抵達酒吧後我便繼續完成該做的雜事並取悅顧客。現在回想起來，那段時光真是過得既充實又荒唐。

其實我休息的時間真的不多，因為每週二（酒吧唯一的公休日），老媽都會邀請她的

2 譯按：本書出現的「粉」跟「白粉」指的都是古柯鹼。

3 編按：投注從一百個小號碼球中抽出的號碼，類似一九八〇年代臺灣的大家樂。

姊妹淘，到我們位於上西城區的公寓打牌喝酒之類的，而我則會坐在一旁打量她們。我想我之所以會這麼愛女人，就是因為我是在女人堆裡長大的，和女人相處總是令我感到格外輕鬆。

沒過多久我就會感到疲憊並準備上床睡覺，但她們一看到我想回房間，就會齊聲大喊：「不行，可可，你還不能睡覺！你要先跳支舞給我們看！」（可可是老爸取的小名，因為我膚色很白，就像可可果的果肉一樣。）每週二的這場表演是我跳得最賣力的一支舞，阿姨們先是會給我來一小杯龍舌蘭，接著播放「門戶合唱團」（The Doors，老媽最愛的樂團）的專輯《洛杉磯熟女》（*L.A. Woman*），我則會穿著純白小內褲爬到桌子上模仿貓王（Elvis）的扭臀舞。所有人都會隨著節拍拍手，老媽則會在一旁大喊：「拿出你的看家本領！」每當我跳完這首歌最激烈的部分後就會徹底累趴，而老媽也會帶我上床睡覺。隔天醒來時，她們依舊在玩牌喝酒，絲毫沒打算結束，但對我來說，**所有派對都應該有明確的結束時間**。

我在四歲那年發現，老媽上床睡覺前都會喝一杯紅酒，她的理由是睡前來一杯有助消化。她喝的紅酒都是義大利進口，就是那種瓶子胖胖，印刷頗具鄉村風格的紅酒。我覺得喝紅酒很酷，所以決定改天一定也要試看看；於是某天夜裡，我等她睡著後直接幹完一整隻。老媽醒來後到處都找不到我，便打電話給警察，眾人像發瘋一樣四處尋找，最後發現我醉倒在衣櫥裡，全身都沾滿自己的嘔吐物，而我也被迫戒酒。

請你們不要誤會，老媽不是我的童年過得如此荒誕的主因，她只是其中一員而已。老媽後來得出個結論，**她認為我需要一個男性榜樣**，並認為我的教父蓋比（Gaby）可以勝任這項任務。

這就是電影裡的那把槍

蓋比是個超可靠的雞掰人，他長得很帥，堪稱西班牙版的狄克．范．戴克（Dick Van Dyke，美國演員），髮型跟鬢角都和本尊一模一樣。蓋比跟我爸的關係很好，所以和他相處就像和父親在一起一樣。他永遠都是一副無憂無慮的模樣，而且因為太常呼麻的關係，所以總是會發出一些莫名其妙的笑聲。蓋比是個好人，他每個禮拜六都會來陪我，我們會去看電影（例如迪士尼的《萬能金龜車》〔*The Love Bug*〕），但他很快就覺得膩了。

有天他偷偷告訴我：「可可，我不能再看這種無腦的電影了。這次我們去看我喜歡看的電影如何？」

我同意了，於是我們去看了《〇〇七：女王密使》（*On Her Majesty's Secret Service*），這部電影為我開啟了通往新世界的大門，我愛死了。

走出戲院後，蓋比對我說：「只要你不告訴你老媽，以後我們就都看這種電影。」

於是我們達成協議，從此以後，我們每次看的都是限制級電影，而我也從中學到不少成人世界的知識。某天我們看完《緊急追捕令》（*Dirty Harry*）後，蓋比帶我去吃牛排，並問我對這電影有什麼感想。

我一邊把牛肉塞進嘴裡一邊說：「超好看的，裡面的槍都超帥。」

蓋比說：「是哦，很帥嗎？你把手伸到桌子底下看看。」

我根本都還沒來得及反應，蓋比就把一支槍放到我手上。就這樣，才剛學會用牛排刀的我就摸到了人生中第一把槍。

蓋比說：「這把槍就是你在電影裡看到的那把。」

史密斯威森點四四麥格農，這塊黑色金屬在我小手的襯托下更顯巨大。

「你覺得怎麼樣啊？」蓋比問道。

我他媽愛死了！

我他媽的是要怎麼融入同儕？

過了幾年，我終於到了該上學的年紀，當時的我真的很害怕上學，要以古巴移民的身分融入美國校園，可不是件簡單的事。雖然老媽從小就培養我獨立的能力，我也確實經歷過一般小孩無緣體驗的事，但我真的不知道自己是不是已經準備好跟美國小孩打交道了。

為了讓我融入同儕，老媽還特地買了一個披頭四（Beatles）午餐盒讓我帶去學校。

老媽把午餐盒交給我，並慎重其事的對我說：「何塞．安東尼奥（Jose Antonio）[4]，絕對不要讓別人拿走你的午餐盒。」

我一開始是沒什麼意見的，因為午餐盒看起來確實挺酷，但下一秒老媽就開始往裡面塞進一整套古巴全餐，包括牛排、白飯跟豆子、牛奶、手帕……最後再加上古巴串珠跟一尊聖人像做點綴。

我就問，**我他媽的是要怎麼融入同儕？**

我大喊：「我不要帶這些東西到學校，我想當美國人，美國人都吃熱狗。」

當時我天真的認為只要吃了熱狗就能變美國人，但老媽根本不吃這套，堅持要我把古巴全餐帶出門，而我也只能帶著重達八公斤的午餐盒走進學校，好讓大家能一眼就認出我是「古巴移民」。

到了午餐時間，由於我實在太害怕在同學面前出糗，所以就衝出校園，打算把午餐盒直接丟進中央公園的湖裡。在我用百米賽跑的速度衝刺的路上，我看見了讓我魂牽夢縈的

---

4 譯按：作者的本名是是 José Antonio Díaz。

熱狗車，便立刻停下腳步，掏錢買下三根熱狗。每咬一口，我就覺得自己變得越來越像美國人。

就在我準備按計畫將午餐盒丟進湖裡時，三個雞掰小鬼帶著挑釁表情從不遠處朝我走來，從他們的體型判斷，他們的年齡應該介於十到十二歲，總之一定比我大。

其中一個雞掰小鬼開口問道：「小廢物，你午餐盒裡裝了什麼東西？」

我盯著他們，內心清楚知道，只要把午餐盒交給他們，就不會惹出什麼麻煩。但我可是古巴人啊！你懂的。

我腦中不斷浮現老媽的聲音：「絕對不要讓別人拿走你的午餐盒。」

於是我決定無論付出什麼代價，都要保護自己的午餐盒。

我狠狠回道：「裡面裝什麼關你屁事？」

他們一起衝向我，用迅雷不及掩耳的速度把午餐盒打開，導致裡面裝的東西通通掉到地上；其中一個死小鬼撿起牛奶玻璃瓶就直接往我頭上敲，鮮血立刻沿著我的額頭流下，但我還是成功保住了午餐盒。

當我聽到玻璃瓶與頭骨相撞並碎裂的聲音時，我內心的古巴憤怒魂突然覺醒了，並下定決心，從今以後絕對不再任人欺負。

你想不想看屍體？（紐約的真面目）

這幾個小畜生打開了我的強悍開關，我說的是那種街頭硬漢式的強悍。我那時已經看過幾部李小龍的電影，他簡直就是所有古巴移民的希望之光，如果李小龍可以逆境翻身，幹掉身邊所有對手，那我一定也可以。

我跟老媽說想學空手道，這樣就能保護自己不受壞人欺負。除此之外，我還刻意把自己日常活動的範圍設定在更遠的一百四十八街，而不是公寓外的八十八街，因為住在八十八街上的孩子都是嬌生慣養的娘炮孬種。

我的教母貝娃（Beva）就住在一百四十八街上，她是聖得利亞教（Santeria）[5]的忠實信徒；一般人印象中的聖得利亞教都脫離不了巫毒和巫術，但事實並非如此，古巴的聖得利亞教更是和這些東西毫無關聯。

聖得利亞信仰與古巴人的文化息息相關，而且與天主教有著千絲萬縷的關係，七〇%的古巴人都信奉天主教，而幾乎所有人都會在生活中實踐聖得利亞教的儀式。聖得利亞教的核心概念是能量，當古巴的小孩精神不濟或染上莫名疾病，大人都會訴諸聖得利亞教的

5　編按：融合了非洲宗教與天主教，起源於十六世紀古巴的黑人奴隸。

儀式（aka 收驚），藉此平衡孩子體內的能量。

我是個體弱多病的孩子，流鼻血、夢遊、氣喘什麼的對我來說根本就是家常便飯，進出醫院的次數也多到數不清。

除此之外，**老爸的死也一直是我的心魔**，我一直都不懂為什麼好好一個人會突然消失。他走了之後，每當有人經過家門口，我都會探出頭來看看是不是他回來了。有鑑於我的身體跟心理都很有問題，不少人建議老媽去找個聖得利亞教醫生，看能不能透過超自然手段把我拉回正軌。

貝娃就是我的醫生，她是非裔古巴人，長得非常漂亮，她把傳統聖得利亞教的知識都傳授給我。傳統聖得利亞教聚焦在身心健康，但這份良善的信仰後來被古巴毒販「染指」，並漸漸背負上怪力亂神的汙名。在我十幾歲那年，一個名叫塔提（Tati）的罪犯曾在我家當著我的面進行「歪掉的」聖得利亞教儀式，之後我會再跟你們詳細描述這件事。

總而言之，在我還小的時候，聖得利亞教確實是個不錯的東西，在貝娃的調教下，我的身心也比以前更加健康。

我第一天來一百四十八街找貝娃時，遇見一群在附近閒晃的孩子，他們後來成了我的朋友，跟他們混在一起讓我的個性變得越來越強悍。

其中一名孩子問我：「嘿，你要不要跟我們一起玩？」

聽到對方想和我做朋友，我興奮的答道：「好啊，你們在幹麼？要玩棍球嗎？」他們說：「我們沒有要玩棍球，你想不想看屍體？」

我跟著他們的腳步來到河岸路與亨利哈德遜公園大道交接的一塊空地，當時那裡還是一塊荒地。他們沒騙我，那裡確實躺著一具男人的屍體，後方則是緩緩流淌的哈德遜河。

那個男人是被槍殺的，他肥胖擁腫且布滿瘀青的身體就這樣大喇喇癱在地面。我不知道他死了多久，但你在六公尺外就能聞到屍體散發出的惡臭，警察也似乎完全不想管這件事，好像過了一、兩天他們才發現這裡有個死人，並拉起封鎖線展開調查。

雖然我刻意裝出一副冷靜的樣子，但內心卻在吶喊：「靠北，怎麼會這樣？」當時的我見過最誇張的事情就是家長搧小孩巴掌（溫馨提醒，「當時」指的是一九六〇年代），直到見到真人屍體的那一刻，我才算是看見了**紐約的真面目**。

我的新朋友個個都像瘋子一樣，他們什麼都沒在怕的，這種事情在他們那區根本就是小意思。我真的好羨慕他們這種天不怕地不怕的硬漢性格，甚至偷偷在心裡許願我們家可以變窮一點，這樣就可以住進比較貧困的區域，變成和他們一樣的街頭硬漢。總之，我當時就是想成為像他們一樣的人，我覺得我們是**同一國**的。

光是和這群人待在一起，我都能感覺到我的蛋蛋開始變大，他們是一幫為了賺錢什麼事都肯做的傢伙，成為他們的一分子讓我感到自己與眾不同。

強力膠大盤商

這群小子每天都會在不同店家門前蹲點，賺取微薄的垃圾清運費用，如果店家拒絕的話，店門口就會被堆滿垃圾，窗戶也會被打破，還會碰上各種倒楣的事情。很明顯，如果我想繼續和這些人稱兄道弟，就必須昧著良心幹一些偷拐搶騙的事，於是我二話不說就加入他們的團夥。

這時候的我特別喜歡組裝模型飛機，貝娃家附近剛好有間文具店，裡面有賣飛機模型，以及組裝時會用到的強力膠。每當我去文具店補貨時，都會在門口遇見同一個男人，他每次都會給我三十美分，要我幫他買強力膠。雖然我不知道他要強力膠幹麼，但我每次都會幫他買。

有天文具店老闆對我說：「弟弟，你不要再幫外面那個男的買強力膠了，他買強力膠是拿來吸的，我們也不會再賣給他了。」

後來我才知道這位吸膠男是一名參加過越戰的士兵，正在領傷殘補助，他只要收到補助金，就會立刻來買強力膠，一買就是十盒。他和媽媽住在這一區附近，偶爾還會舉辦大型吸膠派對。

我記得有一次我在幫貝娃倒垃圾時，看見他在垃圾桶附近遊蕩，手裡還拿著擠滿強力膠的紙袋。最搞笑的是他發現我後居然還想把紙袋藏起來，但紙袋已經牢牢黏在他的手上，甩都甩不掉。從此以後，我們就給他取了個外號，叫做查理膠（Sticky Charlie）。

得知查理膠不能沒有強力膠後，我立刻想到了一個賺錢的點子，那就是先跟老媽要一筆錢買一大盒強力膠。

再次遇見查理膠時，我告訴他：「欸，強力膠漲價了，現在是五十分一條，現在我是這一區最新的強力膠大盤商。」

我靠著這一招輕輕鬆鬆賺進了大把鈔票，就像我之前說的一樣，我開始幹一些拐騙的勾當，並在六歲那年就學會要把握每一個賺錢的機會。

第二章

新老爸，喊水會結凍

計程車司機明明已經被打得跟豬頭一樣，還不停發出哀號，
但警察卻什麼也沒做。我只能告訴你，
這就是 1960 年代的紐約，跟現在的社會完全是兩個世界。

我的繼父名叫胡安（Juan），我倆正式成為父子沒多久後，我就親眼目睹他開槍射爛一個人的大腿。他開完槍後立刻帶著我跳進車裡，並沿著哈德遜河拚命狂飆，接著順手將作案的槍枝丟進河裡。我們在做這些事情時團結一心，且事後都對此隻字不談。

胡安是個嚴肅的男人，他大概有一千把槍，而且都藏得很好；除了家裡，他還會在自己所經之處藏槍。這樣說好了，假設胡安今天到某個朋友家作客，而且知道自己將來還會再來這個地方，那他就會在朋友家裡藏一把槍以備不時之需。

老媽跟胡安是老朋友，在古巴時就認識彼此，當時他們都很年輕；後來失聯了一陣子，主要是因為胡安因非法簽賭被捕，被關進紐約北部的新新監獄（Sing Sing Prison）。既然爸爸都不在了，老媽探望胡安的頻率也越來越高，有時甚至還會帶上我一起去，並事先在我的口袋裡塞滿古柯鹼跟海洛因，再讓我坐到胡安的大腿上。

我當時完全不知道他們在搞什麼，只知道胡安是個好人，還會寄一些他自己畫的兔巴哥（Bugs Bunny）給我。在更生安置所待滿一段時間後，胡安就搬到八十八街和我跟老媽住在一起，他倆最後在一九六九年結婚，那年我剛滿六歲。

胡安身高約一百八十公分，頂著一頭黑白相間的頭髮，粗獷的五官酷似男演員查理士・布朗遜（Charles Bronson）。他不愛打扮，可以連續五天都穿同一件衣服，原因是不想讓別人看出他有錢。胡安深怕自己非法簽賭的勾當會被ＦＢＩ再次盯上，所以無時無刻都在思考與預測警方的下一步行動。胡安雖然是監獄裡的白粉批發商，但他本人非常保守，不僅滴酒不沾，也絕不碰毒。

胡安結過一次婚，與妻子離婚後，他被法庭宣判不能與女兒接觸，這件事是他心中永遠的遺憾。話雖如此，那段失敗的婚姻對胡安也有一些幫助，讓他可以重新扮演好老公跟好老爸的角色。我覺得胡安就是一個獲得改過自新機會的浪子，而現在的我多少也能理解他當時的心境。

他正好在一個最完美的時間點出現在我的生命中，雖然蓋比偶爾會來陪我，但我大多時間還是混在女人堆裡，老媽也因此擔心我長大後會成為一個弱雞。除此之外，由於家中男主人的角色一直處於待補狀態，所以我跟老媽也相當樂見胡安來替補空缺。老媽當然不需要人保護，但有個男人在家威嚇力更強；老媽只有一個人時就沒人敢惹了，加上胡安後，更是沒有半個人有膽子打我家的歪主意。胡安可不是吃素的，被他盯上的目標絕對沒有好下場。

好老公，好老爸

我記得有次放學後，老媽帶著我搭計程車去看棒球賽（那時她才剛和胡安結婚沒幾個月），老媽搭計程車去看球賽時有一個習慣，那就是一上車就會要求司機按照她指定的路線駕駛，而且會強調這件事沒有商量的餘地。

老媽不想錯過比賽的任何一個環節，包括餵球練習，所以她的字典裡不允許出現遲到兩個字。但那天我們碰上了一名堅持走「最佳路徑」的司機。

他根本就是智障。

在他的帶領下，我們陷入混亂的車陣中，老媽也因此氣到抓狂，在車上和司機吵得不可開交。最後老媽要求司機在路邊讓我們下車，並要求他退還車費，沒想到他居然一口拒絕（第二個致命錯誤）。車子停好後，老媽一把將我拉下車，而司機不知怎麼的也想下車，老媽見狀便一掌將他推回駕駛座，並順手拔下鑰匙，過程中還劃傷了自己的手。

處理這種場面對老媽來說簡直就是家常便飯，她先是告訴司機她要報警，接著便走到一旁的公共電話撥通胡安的號碼，期間還不忘把手上的鮮血抹在臉上。等老媽掛上電話轉向計程車司機時，她看起來就像電影《魔女嘉莉》（*Carrie*）海報的真人版。

我媽就是一個心機婊，她知道這名司機等等絕對準備吃一頓粗飽的。

她朝司機大喊：「警察立刻就要來了，你給我乖乖待在原地。」

這個司機也是真的蠢，他居然相信老媽說的話，坐在車上乖乖等警察來。這是他犯的第三個致命錯誤。

不出我所料，幾分鐘後，一輛福特野馬在路邊停下，胡安從副駕駛座衝出來。看見老媽的臉上布滿鮮血時，他整個人都嚇傻了。

胡安的英文不太好，所以便帶著我充當翻譯去和司機對質。雖然我已經拚命來回解釋了，但我看得出胡安根本不買帳。

胡安鬆開握住我的手，把我推到後面，接著二話不說就開始狂揍司機。胡安出拳的速度之快，令我目瞪口呆，呆呆站在一旁欣賞兩人的搏命演出。

李小龍他媽的算什麼，我眼前正在發生的事情可不是電影畫面，而是拳拳到肉的鬥毆實況，真的是酷斃了。

我當時腦中浮現出一個念頭：「我的新老爸在紐約市喊水會結凍。」

尼爾森（Nelson）來自波多黎各，他是老媽的商業夥伴，那天就是他開車載胡安到現場的。當胡安開始暴打司機後，他便下車站在老媽和我身邊，靜靜看著胡安教訓人。說也奇怪，幾分鐘後警察真的出現了，我當時心想：「胡安死定了」，但事實證明我低估了他的能耐。

警察朝胡安和司機走去時，我看見胡安把一隻手伸向腰際，這個舉動讓我的心跳瘋狂加速，還以為他要掏槍出來幹掉警察，可沒想到他只是把手伸進口袋，並用另一隻手和其中一名警察握手。接著尼爾森也站到警察前面，擋住身後的司機，並若無其事的和他們聊起天來。

此時胡安的英文突然變得超級流利，他們聊了一會兒天氣，還聊了棒球比賽的事情，接著一名警察伸出手指著在後方打滾的司機問道：「後面那個人怎麼了？」

胡安說：「我也不知道，可能跌倒了吧。」

計程車司機明明已經被打得跟豬頭一樣，還不停發出哀號，但警察卻什麼也沒做。我只能告訴你，這就是一九六〇年代的紐約，跟現在的社會完全是兩個世界。

除了槍枝和拳頭，胡安還可以將身邊所有東西都當成武器，例如辣椒水噴霧，可謂一罐在手，人擋殺人，佛擋殺佛。

但他最擅長的傢伙是剃刀，而且刀刀都瞄準敵人的屁股。

胡安最討厭跟喝醉酒的人相處，所以只要發現身邊有人在發酒瘋，他就會立刻抓狂。還記得我之前說他用槍射爆某人的大腿嗎？那天我們一家人都出席了某場聖得利亞教聚會，胡安一個人靜靜坐在角落讀他的西班牙言情小說，但一個名叫尼可（Nico，外號豬肉尼〔Nico Picadillo〕，因為他特別喜歡吃古巴豬絞滷〔Picadillo〕）的醉漢卻一直找他麻煩，而胡安的理智線也瞬間斷裂。

胡安對豬肉尼大罵：「你他媽是不是有病？」

不知死活的豬肉尼立刻回了一句：「對啊，我有病！」接著胡安立刻起身找出自己藏在此處的手槍，並叫豬肉尼到外面跟他單挑。兩人在馬路中央對決，豬肉尼才剛舉起拳頭，胡安就朝他大腿開了一槍。

我的新老爸就是這麼狠！由於胡安的出現讓老媽重拾笑容，加上我對生父的印象早已模糊不清，所以我就直接把胡安當成親生父親看待。胡安教了我很多事情，例如把 VO5 洗髮精抹在頭上，再往後梳出完美油頭造型。除此之外，我也在他身上學到圓滑的待人處事之道。

胡安就是古巴移民口中的阿巴夸（Abakuá，古巴當地兄弟會，只接受陽剛的男性會員）大男人，他們不僅拒絕在床上取悅女性（替女人口交），也絕不會和男同志共處一室。總而言之，胡安不僅是個幹練型硬漢，而且還相當固執。他是那種沉默寡言、缺乏幽默感、陰晴不定、喜歡在暗處觀察一切且掌握實權的男人，而這種不苟言笑的性格，也導致他成為眾人口中的鬼見愁。

胡安內心有一套不容動搖的價值觀，其中一項就是**捍衛古巴傳統**。舉例來說，每年十二月十七號是聖拉撒路（San Lazaro，犬隻守護神）日，所有人在這天都不能欺負狗狗。

我在某年的聖拉撒路日，親眼見證胡安用行動捍衛古巴傳統文化。那天他開車載著我經過布朗克斯區，恰巧看見路邊有一個人在打狗，胡安立刻停車、按了聲喇叭，並朝對方大吼：「喂，你最好不要欺負那隻狗喔。」

對方不甘示弱，立刻回嘴道：「幹你娘，關你屁事。」胡安聽到後也不管車子還在路中間，就立刻打P檔並跳下車朝那個白目衝過去。在一番拳腳招呼後，那個男人被揍得鼻青臉腫，最終倒在地上動彈不得。

之後胡安就像什麼都沒發生一樣坐上駕駛座繼續開車，而我倆也很有默契的對此事隻字不提。

第三章

要拚才會贏

你知道我想表達什麼了嗎？在那個年代，
打架是再正常不過的事，在這種氛圍下，
孩子只要一有機會就會毫不猶豫和人起肢體衝突，
就算對方是修女也一樣。

我們一家因為一些小事所以必須從紐約搬到紐澤西居住，而這件小事就是：老媽想拿刀捅死霸凌我的孩子的老爸。是的，你沒聽錯，即便是強悍如我也難逃被欺負的命運。霸凌我的孩子叫魯迪（Rudy）。魯迪是海地人，他霸凌我的方式是一看到我就對我大喊「死移民」，我真的快被他煩死了。某天他又對我口出惡言，而這次我也決定不再隱忍，於是痛扁了他一頓。

魯迪他爹似乎不太喜歡看到兒子被人欺負，所以就帶著他來我家尋仇，他先是把我的雙手按在牆上，接著再讓魯迪狂揍我。完事後他還押著我進屋子裡跟我媽對質，我只能說這個死廢柴根本不知道我老媽是何許人也。

魯迪他爸一進門就開始威脅老媽，說下次我再欺負他兒子，他就會拿刀捅死我們母子倆。我媽二話不說衝進廚房，拿出家裡最大把的菜刀，穿著拖鞋在公寓裡跟他玩起大逃殺，一邊跑還一邊用西班牙語發出怒吼，說今天非要把他砍死不可。

之後在面對警察詢問時，老媽堅持自己當時手上沒有拿刀，同棟大樓的住戶也都紛紛跳出來掩護她。最後警察也只能放過老媽，而魯迪和他爸也學到了一個教訓，那就是永遠別惹這對母子。

然而房東氣炸了，因為在這之前我們早已給他惹了一大堆麻煩（案例一：我曾在房間裡生火，並嘗試用小便澆熄火焰；案例二：我媽為了舉行聖得利亞教儀式而帶了活山羊進公寓，還搭了電梯；案例三：有次我因為閒得發慌，所以就把一大堆黑膠唱片丟到樓下，導致一名無辜的路人必須進醫院縫合傷口。但說真的，我們都覺得這些事情根本沒有這麼嚴重），這次的魯迪老爹大逃殺事件，成了壓垮駱駝的最後一根稻草，我們也被房東掃地出門。

我們現在住的可是高級白人社區

其實我們也不是真的捨不得離開紐約，因為老媽早就受夠了每天通勤來回酒吧的生活，我也受夠了像魯迪這樣的小王八蛋，而胡安也樂見一家人搬到其他城市定居。就這樣，我們三人在一九七三年五月收拾好所有行李，浩浩蕩蕩遷徙至紐澤西州的北伯根鎮。

我們的新家是一棟坐落於巷子底上的磚砌錯層式住宅（Bi-Level House），房子的正面有一扇凸窗（為保護隱私，所以窗簾常年都是拉上的），另一側還有一扇小窗戶，老媽都會從這扇窗戶倒熱水趕走來傳教的耶和華見證人[1]。

除此之外，我們家還有一個超大的庭院，裡頭還有一座地上游泳池。更棒的是同一條街上住了好多年齡與我相仿的小孩，總的來說，我愛死我們的新家了。

搬到紐澤西州後沒多久，我就發現這裡的居民也都活在暴力之中，而且家長們也都鼓勵孩子使用暴力（跟我們家一樣）。抵達北伯根鎮的第一天，老媽就逼我出門結交新朋友，還把我最高級的一套純白衣服熨得整整齊齊，再搭配一雙閃亮亮的皮鞋、一頂帽子和一條金項鍊，搞得我看起來像個**未成年的古巴守護神**。

當我準備跨出家門時，老媽耳提面命：「我們現在住的可是高級白人社區，你最好給我小心一點，不要在外面惹事生非，聽到沒？」

我站在家門口，像個白痴一樣東張西望，完全不知道自己接下來該去哪裡。我可以選擇右轉去公園玩，也可以左轉前往查爾斯公寓區。正當我猶豫不決時，我感覺自己聽到孩子嬉鬧的聲音，於是便循著聲音的來源向左轉。

走近後我才發現是一群孩子在打架，對陣的雙方是一個名叫安東尼・巴札諾（Anthony Balzano）的義大利移民，以及來自愛爾蘭的羅伯森（Robson）兄弟。我看不慣這種不公平的圍毆行為，所以即便內心相當害怕，卻還是掄拳幫助落單的一方。雖然敵眾我寡，但我完全豁出去了，老子可是古巴守護神啊！

沒多久羅伯森先生也加入戰局，只用了一拳就將安東尼放倒，接著還像扔垃圾一樣把他甩到一旁。我只能說羅伯森先生做事完全沒經過大腦，因為就在他帶著兒子們走回公寓

1 編按：Jehovah's Witnesses，該教派認為世界被撒旦控制，且教義與傳統基督教有異，普遍被視為異端。

時，安東尼立刻起身跑到朋友家打了通求救電話。幾分鐘後，一輛普通警車和一輛全黑警探車便火速抵達查爾斯公寓區。

其中一名巡警駕駛待在車上，另一名警探打開車門走了出來，他就是安東尼的爸爸卡爾麥（Carmine）。卡爾麥身材矮胖，兩隻大手尤為顯眼，他先是檢查了兒子的傷勢，然後走上羅伯森家公寓的樓梯，敲了敲他們家的大門，接著就地把羅伯森先生揍到命危。那場面和電影裡演的簡直一模一樣，只能用震撼人心來形容；不僅鮮血噴得到處都是，就連內臟都被揍到飛出來（好像啦，我也不太確定）。

料理完羅伯森先生後，卡爾麥緩緩走下樓梯，問了我的姓名。

我答道：「我叫喬伊，我們剛搬來這裡。」

卡爾麥笑著說：「原來是新鄰居啊，謝謝你為我兒子挺身而出。」

卡爾麥示意安東尼邀請我上車，並將我載回家門口，那時老媽正好打掃門廊，當她看見我被警車載回來時，臉上立刻露出憤怒的神情。我純白的衣服此時早已髒得慘不忍睹，老媽的表情也變得更加兇狠，並立刻把手上的掃帚倒轉，準備將握把拆下來毒打我一頓。

老媽對我吼道：「何塞．安東尼奧，你出門時我跟你說了什麼？」

卡爾麥一個箭步衝向前掩護我（此時他的手上依舊沾滿羅伯森先生的鮮血）。

他一邊搖頭一邊說：「事情不是妳想的那樣，妳兒子是為了幫我兒子才跟人打架的，他是個乖孩子。」

「所以他沒有在外面惹禍嗎？」這是我媽當下唯一關心的事情。

卡爾麥回答：「完全沒有，而且我打算邀請他到我們家吃飯。」從此之後，巴札諾一家就成了我沒有血緣關係的家人，而安東尼則是我的兄弟，我甚至會稱呼安東尼的母親「媽媽」。我很喜歡巴札諾一家跟我說話的感覺，他們是真的把我當成家中的一分子，絲毫不在乎我的古巴血統。總而言之，只要他們認定你是他們的家人，這份關係就永遠不會改變。我們這一帶的孩子給卡爾麥取的外號是聯合國老爹（United Nations Dad），因為你在他家永遠都能看到不同族裔背景的人。

那天晚上我成了卡爾麥家的座上賓，往後幾年也經常在他們家吃便飯。除此之外，剛搬到北伯根鎮就成為巴札諾家族的一員還有一項好處，那就是不論碰上什麼麻煩，只要搬出卡爾麥這三個字定能全身而退。

「要我打電話給我爸媽？」這是安東尼最愛說的一句話，而且屢試不爽，因為根本沒有人有膽子在卡爾麥．巴札諾頭上動土。眾人之所以如此忌憚卡爾麥，除了因為他是警察以外，也因為這一帶根本沒人打得過他。

我們住的街區有一戶名叫克萊門（Clemen）的人家，我跟安東尼超討厭他們，所以只要一逮到機會就會瘋狂說他們的壞話，例如他們全家人身上都有蝨子之類的。有次我跟安東尼正在街上玩，碰巧被克萊門先生撞見，他順口罵安東尼是「義大利小雜種」，卡爾麥得知此事後便立刻趕來幫兒子出氣。

卡爾麥一到現場就立刻朝克萊門先生嘴上來了一拳，接著再用手銬把他銬住，並用對講機狂揍他，期間克萊門先生則不停大喊：「警察打人！警察打人！」周邊的住戶聽到動靜後，紛紛走出門外查看，接著又若無其事的走進屋裡。即便克萊門先生渾身是血，也完全沒有人報警或出手干預。

你知道我想表達什麼了嗎？在那個年代，打架是再正常不過的事，在這種氛圍下，孩子只要一有機會就會毫不猶豫和人起肢體衝突，**就算對方是修女也一樣**。

修女也會下地獄

三到四年級我念的是天主教學校，而我很快就發現修女其實根本不是女人，而是另一種生物。她們滿腦子想的都是怎麼虐待小孩，並且會付諸行動。每一個在一九七〇年代上過天主教學校的人一定都知道我在說什麼。

我上的是卡尼市的聖心天主教男校，這所學校裡最機車的修女非海森（Hyacith）大媽莫屬。這個肖查某沒有在跟你鬧著玩的，她的怒點超低，光是不喝牛奶這件事就能讓她原地爆氣。我剛好就是一個討厭牛奶的小孩（即便過了五十年我依舊不喝牛奶，因為我覺得牛奶有一股懶覺味），而海森修女也會在抓到我不喝牛奶時，隨手拿起午餐盤砸我的頭。被她虐待久了，我心中的憤怒指數也漸漸上升，最終到了一觸即發的臨界點。

有天我看見兩名同學（雙胞胎）在座位上哭泣，便問他們發生了什麼事。其中一人（拉菲爾〔Rafael〕）回答：「媽媽現在正在醫院生寶寶，但海森修女不准我們打電話到醫院。」

我完全不鳥海森修女下達的禁令，並說：「我覺得你們完全有理由用電話啊，讓學校正常運作的又不是耶穌本人，而是我們的父母繳的學費，你們就打給媽媽啊。」

海森修女碰巧聽到這段對話，並命令我們到教室外頭等她，我心裡立刻知道她又準備揍人了。她先是從雙胞胎中其中之一下手，狠狠打了他好幾下，痛得他連站都站不穩。發洩完第一輪後，她又好好的教訓了另一名雙胞胎一番，完事後他差點沒昏死過去。

接下來輪到我了，海森修女甩了我好幾巴掌，把所有的錯都怪在我頭上。她這樣做不僅是在虐待兒童，更是在踐踏他人的尊嚴，而我內心的小宇宙也隨時準備爆發。

後來她逼我們走進放打掃用具儲物間；對學校裡的孩子來說，打掃用具儲物間就是墳場的代名詞，教職人員會把他們弄死的小孩丟到裡面，然後告訴你的爸媽：「噢，不好意思，你的孩子一定是因為得了肺炎所以死掉囉。」

我們一走進儲物間，海森修女便釋放她全部的實力，使出所有招式毒打我們。就在我的舌頭嘗到血味的那一刻，我徹底爆發了，並決定跟她幹一架。我心裡很清楚，如果自己真的要跟她打，就一定要抱著必死的決心，因為對方是個成年人，而我只是個體重最多四十五公斤的孩子，唯一的武器就是口袋裡的十字架。我發瘋似的撲向海森修女，一把抓住她的修女帽，瞄準她的腦袋就是一陣猛攻。

我一邊揍她一邊大喊：「臭婊子，妳敢再打我試試看啊！」我殺紅了眼，在自己都還沒反應過來時，就已經把她的頭夾在我的腋下控制住她了。

她怒吼道：「你一定會下地獄的！你一定會下地獄的！」

我不甘示弱地回道：「妳也一樣！妳也一樣！」

就在我們扭打成一團時，另一名孩子也加入戰局，打算趁機洩憤。

「幹，打死這個賤女人啦！」他一邊說，一邊把海森修女的手臂拗到背後，局面瞬間成為二打一，其他孩子見狀也紛紛跳進來助陣。

「可可！可可！可可！」當我聽到所有人都在喊我的名字，我就知道自己已經沒有回頭路可走了，今天非得放倒海森修女不可。

我們幾人合力把她拉到教室外的走廊，期間還不忘出拳揍她，接著我突然想起自己應該打通電話給老媽，於是便叫一名同學撥通酒吧的號碼，並把話筒放在我耳邊。

一聽到老媽的聲音，我就跟她說：「我被學校的修女打了。」

學校距離老媽的酒吧約三十分鐘車程，但那天她只花了八分鐘就出現在教室門口。老媽抵達現場後第一眼看到的，是披頭散髮趴在地上，連鞋子都掉了的海森修女，但她絲毫不同情眼前這隻落水狗。

老媽用堅定的語氣朝她吼道：「妳先去找個男人幹妳，然後生個小孩自己關上門來虐待吧，賤貨！」

鬧劇結束後，所有人都聚集在校長辦公室裡討論後續處理方案，毫無意外，判決的結果是勒令退學。

老媽告訴他們：「他是不會離開這所學校的，想讓他退學的唯一方式就是把學費押金退還給我……但必須用五元面額的鈔票退還。」

校長一臉疑惑回道：「妳說什麼？我們沒有五元鈔票可以給妳。」

「那我兒子就要繼續待在學校。」

就這樣，我繼續在聖心天主教男校就讀，也沒有受到任何懲罰。我覺得海森修女被揍完全是她咎由自取，老媽也完全贊同我的看法。

第四章

淺嘗禁果

我一直自以為是性事專家，但到頭來卻還是個處男……

我對男歡女愛這件事也有了一層新的體悟，

那就是，女人擁有毀掉男人的力量。

由於老媽要負責處理酒吧的關店工作，所以每天回到家的時間都落在半夜三點左右。回到家後，老媽會叫我起床，跟我一起吃頓早餐（老媽下班後購買的古巴三明治或炸香蕉），聊聊生活的瑣事，期間她也會喝幾杯小酒、吸幾條（很多條）白粉。然而，這些親密的對話確實讓我和老媽的關係變得更加緊密。

在我六歲還是七歲那一年，有天早上，老媽煞有其事的給了我一條人生忠告。她說：「你聽好了，何塞．安東尼奧，等你長大後一定要尊重女性，然後還要記得吃木瓜。」

當時的我不知道吃木瓜什麼意思，後來我才明白老媽指的是幫女人口交；才六、七歲的我對性事毫無概念，更不可能會知道這些色色的詞彙。我那時唯一知道的術語就是屌（pinga）跟吹喇叭，因為老媽有時會叫我去轉告一些單親媽媽，叫他們多認識幾根屌；吹喇叭則是一位小女孩在遊樂場上向我提出的交易，她說只要給五十美分就可以幫我吹，聽完她的提議後，我拔腿就跑。

之後我問了一些朋友什麼是吹喇叭，他們給出的答案讓我幼小的心靈大受震撼。知道吹喇叭的真實意義後，我總會問自己：「怎樣才能找到專業人士來吹一下我的喇叭呢？」

老媽有一個超正的朋友名叫媞妲（Tita），她偶爾會來我們家照顧我，於是我就計畫等下次她再來我家時請她幫我吹喇叭。某天終於盼到了我倆獨處的時刻，我告訴媞妲只要她願意幫我吹一次，我就會把自己存的大約二十塊零錢通通給她。媞妲答應了，我立刻衝到浴室洗澡，還特地把腋下刷得乾乾淨淨，然後換上自己最拉風的一套衣服，還戴上了純金項鍊。接下來，媞妲走進我的房間準備履行義務，只見她低下頭來朝我的肚皮吹了一口氣。

「好啦，喇叭吹完了。」媞妲一邊說，一邊拿走裝滿零錢的袋子。

我說：「剛剛那個才不是吹喇叭，把錢還我！」

隔天我向老媽討拍，把這件事告訴她，但她卻擺出一副不以為意的樣子。

我說：「但是她收了我的錢啊，這樣不公平。」

老媽反問我：「你憑什麼覺得媞妲會為了二十塊錢含你的小雞雞？在我酒吧裡拉客的那些女人，至少要收到一百元才會願意吃屌……你真的以為區區二十元就能讓媞妲為你服務嗎？」

驚悚的A片試映會

搬到紐澤西一陣子後，我開始從尼爾森（波多黎各人、老媽的合作夥伴）口中學到一些性知識，那時我大約是十或十一歲，尼爾森則是四十出頭，就住在離我家幾條街以外的地方。尼爾森其實不算是真的戀童癖……他從來沒有對我們這幫孩子伸出過鹹豬手，他只是那種吸嗨後會穿著浴袍（沒穿內褲）在街上遊蕩的怪大叔，不過他確實特別喜歡我和我的朋友們。

尼爾森跟我們混在一起的時間多到有點詭異，他經常和我們一起玩足球跟棒球，而且永遠都穿著同一套過分暴露的衣服。我在上中學前就已經看過尼爾森的老二無數次了，由於我們滿足了他的奇怪癖好，他對我們也相當大方，只要冰淇淋車一來，他就會讓我們所有人大飽口福，無論想吃什麼都可以盡量點。

我第一次和尼爾森聊到跟性有關的話題是在他家，當時他正坐在沙發的邊緣，渾身散發著惡臭，腰間隨便圍了一條浴巾，整根老二都冒出來見客。尼爾森正在努力從宿醉中清醒過來，我和幾個朋友正在嘗試把他挖起來陪我們到外面玩。

他隨口問了句：「你們是要去打炮還是幹麼？」

我們回答他當然不是，但他確實是第一個主動跟我們聊到性的成年人。不對，他是第二個，第一個是老媽店裡一個叫做阿納多（Arnardo）的熟客，他偶爾會問我：「小鬼，有女人幫你吹過屌了嗎？」

尼爾森告訴我們：「如果你們想要的話，我可以找幾個女人來幫你們口交。」

我們沒接受他的提議，不過和他達成了另一筆交易。那時候我和朋友們注意到尼爾森交了個新女友，當他主動提出我們每人只要支付一元就能看他和女友打炮，所有人二話不說把錢奉上。

表演當晚，我們每個人都穿上了西裝（搞得像自己也要下場激戰一樣），八個人排成一列從尼爾森家的窗戶往裡面窺探。其實我們當時也不知道這場性愛真人秀的表演內容是什麼，但最後我們享受到的畫面跟聲音只能用物超所值形容。

尼爾森先是把老二掏出來讓她吹，接著又用狗爬式狂插，直到她最後開始忘情大喊：「快，爸爸，快射給我～」我和幾個朋友終於忍不住了，紛紛起身逃離現場，嘴裡還不停叫著：「殺人啦！」

有過一次春宮秀經歷後，我們都覺得自己已經做好心理準備，可以接受更重口味的東西了。當時的人想看A片都必須透過郵購買盤式錄影帶（reel-to-reel video），我們也不例外；我和幾個好兄弟湊了一筆鉅款（十九元，含郵費）訂購A片，並等了整整六個禮拜才收到東西（三支A片跟一套投影機）。

拿到包裹時，我們每個人都超興奮的！我們先是等老媽跟胡安出門，接著火速爬上閣樓、用床單把窗戶蓋住、插上插頭、按下播放鍵。影片的內容只能用驚悚二字形容，雖然我們不知道影片裡的人在做什麼，但還是覺得超噁爛。影片中的男女主角明顯打過毒品，因為女主角的手上有好幾個超顯眼的針孔。跟我們一行的有一個才剛滿八歲的小男孩，在看見女優將兩片麵包塗滿美乃滋，然後夾在男優屌上狂吃的畫面後，他立刻開始瘋狂大哭。

總而言之，那天的A片試映會根本就是一場惡夢，但好在我們還可以找尼爾森討拍並提出相關問題。

「你一定不相信我們看到了什麼，」我們一邊說，一邊把所有細節告訴他：「這樣正常嗎？」

他反問我們：「男的有沒有幹女的菊花？你們以後要是有女人了，一定要記得捅她們的菊花。」

尼爾森的回答讓我內心又浮現了一些期待，不過我打算腳踏實地一點，先找到女朋友再說。我在七年級時認識了一個叫妮琪（Nikki）的古巴女孩，並徹底被她迷倒，她體型瘦小，胸部也平得像飛機場一樣，長得有點像雪兒（Cher，美國女歌手），真的是可愛到爆。

純愛戰士應聲倒地

雖然我在和老媽那群姊妹淘相處時就知道自己喜歡女人了，但妮琪的出現卻讓我的世界經歷了翻天覆地的變化。

我跟妮琪的關係屬於慢慢升溫型，她住在查爾斯區，離我家不遠，所以我每天都會陪她上下學。在接送了好一陣子後，妮琪終於在聖誕節前夕開口邀請我到她家作客。我們一起看了綜藝節目《東尼與瑪莉》（*Donny & Marie*），而妮琪的奶奶則全程坐在我們中間。

接下來，我們順理成章牽了對方的小手，也親了彼此的小嘴（沒有伸舌頭那種）。後來妮琪放學後都會到我家作客，我倆則會隔著衣服瘋狂磨蹭彼此青春的肉體，這件事後來成了我們的例行公事。每天放學後，妮琪都會到我家報到，伴隨著球風火合唱團（Earth, Wind & Fire）的音樂和我耳鬢廝磨到五點半整。之後她會立刻收拾東西，趕在老媽跟胡安回來之前離開我家。

這段純愛是我人生中最美好的回憶之一，我覺得自己對她的愛與日俱增，所有事情在她面前都顯得不足一提。我荒廢了最喜歡的運動，也不再和朋友出門，現在回想起來，身邊的人當時應該都覺得我像個智障一樣。我跟妮琪的幽會持續了好幾個月，直到某天老媽提前回家，逮到正在床上水乳交融的我們。

老媽先是吼道：「你們在搞什麼？」接著二話不說就把妮琪趕出家裡。之後在我卑微的懇求下，老媽終於答應讓妮琪來我們家，但前提是她必須在家，而且不准把房間的門關上。從此之後，我和妮琪都會先假裝在房間裡寫作業，等聽到老媽下樓開始打電話，一時半刻不會注意到樓上的動靜後，我們便立刻撲向對方，盡情享受彼此的肉體。

但之後我們又被胡安抓包，而且這次我們連上衣都沒穿，而妮琪也因此連續兩週都不准踏進我們家半步。然而，對這種「假交配」遊戲已經上癮的我們怎會就此善罷甘休，由於下午老媽跟胡安是絕對不會在家的，所以我和妮琪就抓住這個空檔翹課到我家幽會。

但我們又被逮到了，而這次老媽徹底怒了。

老媽對妮琪的媽媽說：「妳知道妳女兒是公車嗎？而且還是臺超級破公車！」

多虧了老媽的「公車論」，我成了妮琪一家的仇人，但我心中還是充滿期望的，因為妮琪答應我，不管我們的家人多討厭彼此，她都會在學年結束時和我真槍實彈來上一炮，我也一直都把這句承諾放在心上。

然而，到了學年即將結束時，妮琪對性和對我的態度突然變了，我們也因此分手。我徹底崩潰了，我把妮琪當作我的全部，但她就這樣突然消失在我的生命中。

我一直自以為是性事專家，但到頭來卻還是個處男。更糟糕的是，由於這一整學年我都忙著和妮琪摩擦下體，導致成績一落千丈，如果想升到下一個年級就非得上暑修課不可。

但你猜怎麼著，因為每天都在哀悼逝去的愛情，所以暑修課也沒通過，導致我必須再上一次七年級。我很清楚如果老媽知道這件事情一定會瘋掉，於是便決定無論付出什麼代價，都不能讓她發現我被留級。

我認識一個女孩，她家是經營印刷店的，她說她會幫我列印假的八年級成績單。就這樣，在接下來的一整年裡，為了讓老媽不起疑心，我每天早上都必須先走路到高中，接著再繞路回中學上課。

同時，我對男歡女愛這件事也有了一層新的體悟，那就是**女人擁有毀掉男人的力量**。

第五章

正直善良的我

我們從來都不覺得自己的行為是犯罪，
也經常目睹家人幹這些事情……
正直善良的我，正在用大麻和迷幻藥。

大約從我十二歲開始，胡安就在一間位於西紐約的花店工作。花店的老闆是一位叫做尼科（Nico）的運彩經紀人，胡安曾經在他手下幹過一些事情。除了花店，尼科還在西紐約的另一個地方開了一間店，而胡安就這樣在兩間店來回奔波賺錢養家，但這只是胡安檯面上的人生。

胡安真正的工作是安排一群人到紐約花市蹲點，他們會推著一大車玫瑰，以一朵一元的價格向路人兜售；這些人其實都是組頭，賣花只是掩飾，而當地警方也默許這種行為。

此外，即使胡安真的被抓到在紐約經營非法簽賭，最壞的情況也不過是以輕罪起訴；但在紐澤西州就不一樣了，非法簽賭在那裡可是要坐牢的。我之前也說過了，胡安已經鐵了心這輩子不再進監獄。

我在成長的過程中看過太多人從事這些偷雞摸狗的勾當，所以當機會來臨時，我也自然而然幹起了壞事。諷刺的是，我第一個下手的對象居然是胡安。

在為尼科工作前，胡安一直都在幫老媽經營她的非法簽賭事業，所以當胡安投靠到更大尾的尼科麾下時，老媽整個氣到不行，這件事也讓他倆的關係越變越糟。我是過了一陣子才注意到這件事，身為一個永遠力挺媽媽的兒子，胡安越是惹老媽不爽，我對他的不滿指數也就越高。

後來，我還發現胡安會挑撥我跟老媽的關係（這招真的很賤），例如跟老媽告狀說我成績太差，或是說我常和一些不三不四的人混在一起，總之他永遠都能挑出我的小毛病。

我們在北伯根的房子到處都藏了現金（都是些又髒又爛的紙鈔）。從我大約十四歲起，胡安的脾氣越來越差，還會誣賴我偷拿藏在家裡的錢。這件事讓我超級不爽，因為當時我根本還沒開始偷家裡的錢。胡安經常用西班牙語朝老媽大吼，說我是個滿嘴謊言的小王八蛋，而她也會在每天凌晨三點的母子談心時間逼問我有沒有偷拿家裡的錢。

老媽一邊把裝著丁骨牛排和馬鈴薯的盤子遞給我一邊問：「你有沒有拿胡安的錢？」

我不斷告訴她：「我發誓，我絕對沒有動他的錢。」

有天我突發奇想：「既然他這麼喜歡汙衊我偷錢，那我幹嘛不順勢惡整他一番？」我知道胡安很清楚自己在每個角落藏了多少錢，於是便把各個地方的錢調包，我會把用鋁箔紙包住並藏在冰箱裡的百元鈔票抽幾張出來，並用塞在主臥室床底下的二十元鈔票替換。自從我開始使用這種抽換幣值的小伎倆後，胡安便經常在家裡跑來跑去，不停納悶自己是是不是瘋了。

除了鈔票之外，胡安還在起居室的旋轉椅上放了一個超大的零錢罐，他只要一回家就會把口袋裡的零錢、小鈔，以及銀色一元硬幣（他覺得銀色一元硬幣特別珍貴）丟進罐子裡。我開始慢慢掏空零錢罐裡的錢，隨著零錢的高度一天比一天低，我也漸漸開始期待起他的反應。這是我第一次偷他的錢，這種感覺真的爽爆了。

過了好一陣子，胡安終於發現零錢被偷了，氣急敗壞的大吼大叫，但我一點都不怕，因為雖然胡安有暴力傾向，但他從來沒有打過我跟老媽。最後我不僅從他那裡偷了好幾百元，還成功讓他氣到跳腳，可謂雙贏的局面。

只是賺點黑心錢

搞定胡安後，我成了這場家庭戰爭的勝利者，緊接著便和幾個朋友合作，把這項新愛好（詐騙）應用在街頭上。我們一開始幹的都是些小奸小惡，例如吃霸王餐，或是趁新鄰居（波多黎各人）忙著搬家時幹走他們的音響。

我們的下一個詐騙對象是一個在北伯根四十三街賣漫畫的男人，這個宅男手裡有好幾千本漫畫，而且販售地點永遠都是在他媽家的門廊。我們在想他應該是住在媽媽家的地下室，並把所有的漫畫都堆放在裡面。他的營業時間是下午三點，那時剛好是學校的放學時間，經過的孩子都會被吸引過去消費，但我們可不是去消費，而是去賺錢的。我們的策略如下：先派幾個人去問老闆一大堆問題讓他分心，並安排幾個人在旁邊一直煩他，最後再讓小偷上場摸走幾本蝙蝠俠或銀色衝浪手漫畫。

一個禮拜後，我們會拿著從店裡偷來的漫畫，問他想不想買下來。他每次都會露出一副困惑的表情，並說：「奇怪了，我確實缺了這幾期，但你們挑在這時候拿著漫畫找上門來似乎有點不太對勁。」

但他最後還是會乖乖掏錢，而過一陣子我們也還是會故技重施。

我們絕對不會放過任何可以賺錢的機會，舉例來說，有天晚上，我們發現路邊停了一輛無人的貨車，車廂裡堆滿了各式各樣的貼紙、T恤和燙印補丁。隔天晚上，那輛貨車還是停在相同的地方，連續蹲點幾天後，大伙便認定車內的東西是我們的了。我們先是合力把貨車車窗撬開，接著把門打開，將裡面的貨物搜刮一空，最後再把贓物帶到紐約的節慶市集上販售。

當時人們謠傳，川崎（Kawasaki）重機都是在錫考克斯鎮火車站上貨的，而和我一起鬼混的孩子中有幾人碰巧有過火車竊盜的經驗，於是我們步行到火車必經路線一探究竟，發現火車不僅載著各式各樣的重機，還有一大堆值錢的東西。

我們一行人立刻開始擬訂計畫，首先是找出在車站停靠的運貨車，接著派一個人鑽進車廂，打開貨物車廂的車門，其他人則待在一旁的沼澤草地等著接貨，等到火車起步後，車廂裡的人就開始把箱子往外推。

此時接應的人必須衝上前把箱子拖到草叢裡藏好，並趕回北伯根鎮安排卡車司機隔天到原地把贓物搬上車運回去。如果運氣好的話，我們會在箱子裡找到重機的零件，運氣差一點可能就是洗衣機之類的東西。

其實我們根本不在乎箱子裡裝的是什麼，只要這些東西能賣錢，並讓每個人都賺飽飽就好。

我們從來都不覺得自己的行為是犯罪，我們不是在偷東西，只是在賺點黑心錢而已，我們也經常目睹家人幹這些事情。最重要的是，賺這些錢的過程其實還蠻有趣的。

正直善良的我，在用大麻和迷幻藥

與此同時，我們也開始接觸毒品，入門款是大麻，供應商是尼爾森（也就是我們的性事啟蒙導師）。那段時間我們呼麻呼得蠻兇的，尼爾森開出的價格是七根捲菸五塊錢，我們都會趁父母不在時在家裡吞雲吐霧一番，接著滴上幾滴眼藥水、噴幾下口腔噴霧掩護，輕飄飄的出門和朋友閒晃。

有候我們甚至會茫到根本不知道自己在做什麼，就這樣一路ㄎㄧㄤ到時代廣場。當一群嗨到不能自已的年輕人在三州都會區（紐約）遊蕩，意外隨時都有可能發生，但我們運氣很好，每次都能活著回到家。

到了上中學那陣子，呼麻早已成為我們生活的一部分。我喜歡大麻帶給我感覺，彷彿只要嗨了，一切的焦慮都會趨於平靜，而我也能順暢的呼吸。

起初我還會因為吸毒而感到羞愧，因為我小時候親眼目睹過太多荒誕的事情，所以曾有一度發誓自己絕對不會染毒。可就在準備上中學的那年夏天，我接觸到了迷幻藥[1]，並在它的帶領下進入另一個世界。

我非常喜歡迷幻藥帶給我的感覺，也因此成為它的死忠用戶。如果說大麻的效用是幫助我冷靜下來，那麼**迷幻藥就是打開了我的眼界，讓我可以反思自我與人生**。那年夏天我大部分的時間都在迷幻的狀態下度過，幾乎每晚都會來一點。

後來我開始思考一個問題，那就是我到底更喜歡哪件事情多一些？是跟朋友鬼混，還是詐騙，還是嘗試不同的毒品，又或是成為專業運動員？

我最擅長的運動是籃球，我打得真的很好，不論是在學校或放學後，只要一有空我就會到籃球場報到（我就是那種每天都會帶著籃球、騎著腳踏車到處跑的小孩）。所有人都覺得我有可能成為職業球員，我自己也是這樣認為的——我的夢想跟大多數孩子一樣，就是進入NBA。在我和紐約最優秀的球員打過幾場比賽後，我就開始相信自己或許能做到。

我真的很欣賞身邊那些潔身自愛的運動夥伴，包括這些年和我一起打過籃球跟練過空手道的兄弟。我在和這些人相處時是一副面孔，在和我的酒肉/犯罪朋友相處時又是另一種模樣，**這種差距讓我覺得自己就像一個雙面人**。

舉例來說，在和空手道的朋友相處時，我簡直就是個超級乖寶寶，唯一的興趣就是看功夫電影、到中國城買李小龍的海報，以及和伙伴練習雙節棍。

正式進入中學就讀後，我打算少用一點迷幻藥，好好調整自己，以應付接下來的籃球季。為了提升耐力，我報名參加了田徑隊的長跑訓練，還在閒暇之餘不斷磨練自己的跳投與卡位防守技術。然而，我怎麼想也想不透，為何教練一整個球季都沒派我上場比賽。

沒錯，我的確經常和朋友四處鬼混，偶爾也會吸毒，但為了實現自己的籃球夢，我也付出了多年的努力。教練安排我坐冷板凳這件事讓我非常不爽，後來我發現自己之所以無法上場，其實跟我在校外的行為一點關係都沒有，我之所以整季都被教練當成隱形人，完全只是因為我是西班牙人（這件事我沒告訴老媽，因為我怕她會跑到學校把教練的老二剁掉）。

這對我造成不小的打擊，籃球就是我的全部，但我現在卻因為這個爛人連球場都上不了（這些年來我一直都想回到北伯根把他找出來，然後一槍斃了他，因為他親手粉碎了一個小男孩的夢想）。

---

1 編按：原文 Acid，指 LSD，又稱啟靈藥；除了靈性體驗，也被用於提升創意認知功能，有助於提升感官和大腦敏銳度，使服用者可以超出自身視角及環境的界限。

最後我心想，既然教練要讓我坐冷板凳，那我乾脆退出算了，於是我就對教練說：「你去死吧，我退出了！」從此之後，我又開始跟之前那幫朋友一起四處惹是生非。然而，在我漸漸歪掉的人生路上，還是有一件事可以讓我找回正直善良的自己，令我能夠繼續過上亦正亦邪的雙面人生，那就是空手道。

我在十六歲那年參加了一場空手道巡迴賽，並在內心承諾自己這是最後一次比賽。比賽當天颳起了一場暴風雪，但我還是去了，因為這是我的謝幕之作。阿納多（老媽的朋友兼酒吧老顧客）那天也在我家，正當我要出門時，他對我說自己今天會用我的生日日期（二一九）簽賭，要是贏了就會把錢通通給我當成生日禮物。

當天我拿下兩座獎盃，比賽落幕後我對教練凱文（Kevin，參加過越戰的空手道高手）說自己以後再也不練空手道了。自從我們搬到紐澤西州後，我就在凱文的班上練拳，所以離開時他當然也有點捨不得，但我只能說天下無不散的筵席。

除了獎盃，我回到家後還收獲了另一項驚喜，二一九號中獎了，阿納多也兌現了他的承諾，給了我整整五千美元。當時我從沒見過這麼多錢，最後決定將一部分給老媽，一部分存進自己人生第一個銀行帳戶。

我認識一個住在賓州東斯特勞茲堡（那一帶住了超多絕命毒師）的製毒師，自從財富自由後，我便經常搭著公車到他的藥廠批貨。從此以後，我和兄弟們參加演唱會時（例如新野人〔New Barbarians〕或豬朋狗友〔Bad Company〕）再也不愁沒藥可用，而且要什麼有什麼。

沒多久後，東斯特勞茲堡毒師又向我推薦了四氫大麻酚（THC）結晶和天使塵，從此我和朋友的菜單上又多了兩種選項。除了自用，我也開始在北伯根鎮一帶販售毒品。

我曾有一段時間是很抗拒吸毒的，因為我從小就目睹家人朋友吸古柯鹼，所以壓根不想和白粉扯上關係。但最後我還是淪陷了，並在毫不知情的狀況下展開了一段荒誕不堪的嗑藥人生。

空手道巡迴賽的落幕為我的雙面人生劃下句點，當時的我還天真的認為自己的決定真是太他媽正確了。

第六章

倒楣・迷信・陪葬品

老媽後來之所以會變得過分迷信，

是因為當時她的事業和感情同時碰上了一些麻煩。

她的人生徹底毀了，運勢從此一路下滑。

而這次，連我都成了陪葬品。

在老媽的世界裡，運氣（好運與霉運）一直是個很重要的元素，自懂事以來，我就知道老媽是個超級迷信的人，而且還會做出各種滑稽可笑的儀式，例如我的第一次聖餐禮。聖餐禮原本是祥和莊嚴的儀式，但老媽卻趁機把學校的教堂鐘偷走，原因是她認為帶著鐘去看棒球比賽可以獲得耶穌庇佑，提升賭運。接下來好幾個月，老媽不僅把鐘當成她的心肝寶貝，還帶著它（裝在包包裡）參加每場比賽，並像個白痴一樣從頭搖到尾。

不得不說，這口鐘好像真的有點靈，那年大都會隊確實一路挺進世界大賽，但最後卻輸給奧克蘭運動家隊。當天回家後，老媽坐在起居室的沙發上，一邊死盯著那口幸運鐘一邊狂抽菸。

老媽對我說：「何塞・安東尼奥，這是個倒楣鐘，把這塊廢鐵帶回學校吧。」下一季球賽開打時，她就用回之前的改運方式了（獻祭活雞）。

其實老媽以前並不會一直把倒不倒楣這件事放在心上，因為她總是有其他的工作要忙，她後來之所以會變得過分迷信，是因為當時她的事業和感情同時碰上了一些麻煩。

黑警・神婆・古巴人

這件事要從酒吧說起，老媽的店有一套特殊的營運規則，她會買通（友情賄賂）警察，請他們為酒吧打掩護。每個禮拜都會有兩名固定的警察來店裡跟老媽拿錢，而每當店裡出了什麼事情（包括非法簽賭、販/吸毒、砍人、鬥毆，以及一切可能會讓酒吧關門或讓老媽坐牢的事件），這些人也都會在第一時間趕到現場湮滅證據。

就我看來，這兩名警察其實都是好人，不算真的黑警。他們都已經結婚生子了，收賄也只是為了貼補家用，而且也確實付出了額外的勞力。

老媽的酒吧就這樣經營了好一陣子，直到有天我在店裡見到一個長髮邋遢男，而他的真實身分是一名臥底警察。這個雞巴人還帶了另一名朋友（也是臥底警察），目的是要跟老媽索討保護費。

他說：「妳要是不乖乖付錢，我就把你們這群古巴廢物通通丟進監獄，我下次再來時就要看到現金。」

一個禮拜後，這兩個王八蛋又找上門來，並把上次說過的話再對老媽說一次。

他說：「不管妳同不同意，我們都要分一杯羹。」

老媽本著一貫的強硬態度拒不妥協，最後他倆便離開了。

不久後，老媽帶著我去找一名信奉聖得利亞教的朋友（簡稱神婆）；神婆是波多黎各人，每個月都會舉辦一場嚇死人不償命的通靈儀式。首先，神婆會先喝一口由穀物釀成的酒，含在嘴裡再噴出來，並點燃各式各樣的蠟燭。接下來她會開始翻白眼，進入癲狂狀態，嘴裡不斷吟唱著一些莫名其妙的咒語。此時我和她的孩子會躲在一旁默默觀察，並在她扭動腦袋（看起來就像轉了一百八十度）時發出小女孩般的笑聲

那天晚上我們抵達她家時，神婆正在進行一些奇怪的儀式。她一見到老媽，就立刻湊到她身邊。

她說：「妳怎麼了？是不是有人找妳麻煩？」

老媽還沒來得及回答，神婆就回頭拿起一個純白的盤子，接著迅速點燃一根蠟燭，開始繞著盤子底部旋轉。繞了一分鐘後，她一口把蠟燭吹熄並丟到地上，然後把盤子擺在老媽面前要她仔細觀察。

她問老媽：「找妳麻煩的人是不是他？」

我湊過去偷看了一眼，赫然發現**那個豬頭臥底警察的臉浮現在盤面上**，真心不騙！當下我差點被嚇得尿褲子。接著神婆把盤子高舉在自己頭上用力敲碎，盤子瞬間化成無數碎片，而她則一邊大喊：「七天！」一邊將拇指當成利刃，作勢劃過自己的喉嚨。

載我回家時，老媽隻字不提剛剛發生的事情，但我們內心都知道那個警察要倒大楣了。

幾天後我從學校騎著腳踏車到酒吧報到，走進店門後我發現裡面早已擠滿了人（古巴人），大家都在吸毒、喝酒、慶祝，場面好不熱鬧。

我問老媽：「發生什麼事了？」

老媽答道：「你絕對不會相信的……勒索我們的那個警察昨晚中槍身亡了。」

原來這名黑警也想跟當地一間（運毒比載人多的）古巴計程車公司收保護費，而昨晚當他和同伴一起出現在那間公司，並用同一套說辭威脅負責人時，突然有個人朝他開了N槍，他當場命喪黃泉。他的搭檔僥倖逃過一劫，但從此之後再也不敢招惹當地的古巴人（明智的選擇）。

臥底警察死後，酒吧的苦日子就開始了，我也隱約感覺到鎮上所有的古巴酒館都被警方監控了，尤其是老媽的酒吧。但老媽很幸運，因為胡安一直（我是說真的，從頭到尾）都在保護老媽，確保她不會因酒吧內發生的違法勾當被逮捕。

有天晚上胡安一反常態，才五點半就出現在酒吧，並在看見我走進酒吧時請我幫他一個忙。

他說：「你到外面的餐車幫我買一份熱狗，順便觀察一下附近的車子，看有沒有什麼不尋常的地方。」

我照他的吩咐到外面買了份熱狗，並告訴他外面停了一輛便衣警車，裡頭坐了兩個人。我話音剛落，胡安就立刻命令所有人把毒品藏好，並湮滅所有跟簽賭有關的證據，甚至還叫老媽摘下身上配戴的昂貴珠寶（理由是普通古巴酒吧老闆根本買不起這麼貴重的珠寶，戴著它們等於告訴眾人自己還有其他灰色收入）。

胡安知道在這種狀況下絕對不能打電話，便帶著我走遍整個北伯根鎮（至少走了十三公里），警告所有酒吧（如三八俱樂部、洛斯安蒂塔斯咖啡館、乾一杯酒吧等）把不能見人的東西都收起來，因為警方今晚要搞一場大突襲。

胡安一直告訴大家：「今晚條子要來找我們算帳了。」

我們在晚上十點半回到老媽的酒吧，幾分鐘過後，警察立刻衝進來臨檢，跟胡安預測的一模一樣。老媽很幸運，她的酒吧當天只有一個白痴被捕，理由是他把裝滿古柯鹼的鋁箔紙藏在假髮下。警察一進門就鎖定他詭異的假髮，並要求他摘下來受檢，最後把他銬回警局。

老媽瀕臨崩潰

無論過了多久，老媽都無法原諒胡安跳槽到尼可那裡的事。老媽認為自己不僅接納了出獄後的胡安，還把所有與簽賭有關的知識都傳授給他，然而他非但沒有成為自己的生意夥伴，還把學到的所有技巧都用來服務外人，等於狠狠甩了自己一巴掌。

某天晚上，老媽和胡安大吵了一架，期間胡安不知道做了什麼動作，導致老媽以為他把抽過的香菸往自己身上丟。當天深夜，老媽抄起一尊聖人像，二話不說就朝睡著了的胡安腦袋砸，打得他頭破血流。

隔天，胡安把自己的東西收拾一下，就頭也不回的離開了這個家，從此再也沒回來過。一般來說，人在分手時都會故意留下至少一件東西（例如一件內衣），做為日後回來的理由，但這次胡安是鐵了心要走……他一件東西都沒有留下，而老媽也很清楚他們是徹底玩完了。

胡安走後沒多久，酒吧便陷入了存亡危機；某天晚上，一名顧客居然用了店外的公共電話訂購毒品。

當時我們都不知道酒吧外的公共電話已經被監聽，等眾人發現時已經來不及了，這次再也沒有人提前警告大家，老媽的酒吧也在這次事件中被警察抄了。

正值青春期的我根本沒注意到老媽的心被掏空了一大塊，她的悲傷來自酒吧被迫停業、胡安的離開，也因為還被困在古巴的女兒（我的姊姊）……原來這些年來她一直都沒放下這件事。

老媽請過律師，也試過各式各樣的方法，但無論她再怎麼努力，眼前總是會出現一道又一道的關卡，而這種徒勞無功的嘗試早已令她心力交瘁。就在老媽瀕臨崩潰時，一名婦女還跳出來指控她和自己的老公搞外遇，但事實上老媽和對方根本沒有超友誼關係。在多重壓力的打擊下，老媽開始毫無節制的酗酒、吸毒和賭博。

酒吧停業後，老媽每天都開著車四處閒晃，尋找可以賭上一把的地方，最終導致我們家債臺高築。這段期間，我早上還是會和老媽一起吃早餐，接著便離開家裡去學校，而她則會在外鬼混到凌晨才回家。有時候她也會回家準備晚餐給我吃，但我根本不指望她會出現。大多時候，我回到家只會發現冰箱裡有一塊醃好的牛排跟二十元鈔票，我可以選擇把牛排煎來吃，或是拿著錢到外面吃晚餐，我的選擇通常是煎牛排、把錢存起來、跟女朋友約會。

此時的我可以說是過著完全獨立的生活（經濟獨立外加生活獨立），而我也只在乎和自己有關的事情。我會自己洗衣服、自己煮飯、自己整理儀容，並在老媽不在時負責打點家中的大小事。我會注意自己的言行，盡量不去惹到老媽，但我想或許她當時早已自顧不暇，根本沒時間管我每天都在做些什麼。

為了償還與日俱增的賭債，老媽投資了一間珠寶店（老媽最喜歡珠寶了），但最後珠寶店生意不好而倒閉，她投入的資金也一併付諸東流。投資失利後，老媽又過上遊手好閒的生活，一直到很久以後，我才知道當時她把身上值錢的珠寶都當掉了，包括鑽石、寶石、金項鍊等。

除此之外，她還為了將房子拿去二貸，偽造了胡安的簽名。當時老媽會把家裡當成毒販的倉庫，把地下室租給他們存放大麻和古柯鹼，藉此賺取現金。這筆錢是我們唯一的收入來源，但遠不足以應付家裡的開支。

那時候的老媽為了維持生計什麼都願意做，甚至到了不惜與惡魔打交道的地步，而這位惡魔的名字叫做塔提。

塔提是我生父的朋友，他在我爸過世後就和我媽走得很近。塔提很高，至少有一百九十公分，身形消瘦，是一名危險且生性殘暴的人物，隸屬於反斐代爾．卡斯楚（Fidel Castro，古巴革命領袖）組織 Alpha 66（後來被認定為恐怖組織）。

自我有記憶以來，塔提和他的妻子妮娜（Nina）就一直是我們家裡的常客，在我們還住在紐約市時，塔提經常會帶我去吃飯、剪頭髮之類的。塔提也沒有缺席我的青少年階段，說他是我的家人也不為過，但和其他家庭成員不一樣，老媽不准我坐上塔提的車，因為她害怕我會無端被捲入街頭槍戰中。

在我的記憶中，塔提坐牢的次數多到數不清，而這也是他聲名在外的原因之一。塔提蹲苦窯時，妮娜也沒閒著，她給自己找了個名叫馬賽洛（Marcello）的小王，基本上只要塔提前腳一走（進監獄服刑），他後腳就會立刻踩進妮娜的閨房，並在塔提出獄回家前像變魔術一樣徹底消失，靜候下一次輪迴開始。在塔提開槍斃了馬賽洛之前，妮娜和他一直都維持著地下情侶的關係。就像我說的，**塔提是個危險人物**。

有次老媽真的是到了山窮水盡的地步，於是不得不接受塔提的要求，而這件事也在日後給我們帶來不少麻煩。

塔提當時正在被道上兄弟追殺，各路人馬都想幹掉他，所以他一直在跑路，不敢在同一個地方待太久。他一直很想找人幫他做一場聖得利亞教的「重生」儀式，但由於他的名聲已經完全臭掉了，所以根本沒人願意幫他。儀式必須在住宅內進行，然而眾人都將他拒之門外，因為沒有人想跟塔提這兩個字扯上關係，也不想把負能量帶進家門。

塔提對身心俱疲的老媽說：「我想找個安全的地方進行儀式，但現在還沒找到。」

老媽回道：「你可以來我家做，你打算付我多少錢？」

我們認識的每一個聖得利亞教神婆（包括我的教母貝娃）都說老媽瘋了，但塔提開出的價格實在太誘人（一萬元），老媽根本沒有打算拒絕。

從儀式結束的那天起，我們家就開始碰上各種怪事，不僅窗戶的玻璃毫無緣故碎裂，水管也會突然爆管，就連草坪也變得死氣沉沉，到最後家裡甚至出現白老鼠，真的是活見鬼了。

有天我打開餐櫃想拿點麵包果腹，誰料到門後躲了一隻老鼠，受驚後的老鼠立刻跳了出來。後來我家用鼠滿為患來形容都不為過，數量多到每個房間和每個角落都可以看見老鼠在逛大街。

老媽的人生徹底毀了，她的運勢從此一路下滑。而這次，連我都成了陪葬品。

第七章

長大，像個男子漢

「對不起，我這陣子真的過得很不順，
但無論如何我都不該把氣出在你身上。
老媽一定會帶你脫離這種生活，但我真的好累。
我只是希望你能長大，成為一個男子漢。」

我在八年級時交了一個女朋友，她的名字叫做蔻琳（Colleen）。蔻琳是個長相甜美的愛爾蘭女孩，我認識她時還在天主教青年會籃球隊打球。蔻琳生性單純，我們經常在週六一起吃披薩，然後牽著手並肩散步（她的手很冰，總是給人一種怯生生的感覺）。我們會接吻，但沒有打過炮，就是約會講電話那種純愛式交往，感覺挺不錯的。

我們一直都在討論要更進一步，於是在一個飄著雪的日子裡，蔻琳對我說：「明天學校因為下雪停課，我家也不會有人……你明天想過來嗎？」

隔天我噴上最高級的古龍水、戴上金光閃閃的霸道總裁項鍊、冒著風雪騎著腳踏車前往十五街（蔻琳家），連腳踏車都懶得停就直接開門衝進她的房間。

在音樂的烘托下，房間內的氣氛漸漸曖昧起來。

我在內心祈禱老天多給我們一點時間，並問她：「萬一妳家人突然回來怎麼辦？」

她回道：「我爸五點半才會回來，我哥就不一定了。」

「妳媽呢？」

「我媽死了。」

聽到這幾個字的那一瞬間，我的雞雞立刻軟了下來，腦中所有色色的念頭也消失得無影無蹤。蔻琳的媽媽死了？怎麼會這樣？為什麼上帝會把媽媽從孩子身邊帶走？

「妳說死掉是什麼意思？」我一邊問她，一邊拉開兩人的距離。

她說：「我媽在我五歲那年就死了，我是阿嬤帶大的，我跟阿嬤的關係很好。」

我有聽到她說的話，但無法理解這段話背後的意義。霎時我感到胃裡一陣翻湧，便慌慌張張的奪門而出，騎上腳踏車朝著家的方向狂奔，腦中不停浮現一個問題：「一個人要幹了多大的壞事才會導致媽媽死掉？一個人上輩子到底要有多壞才會遭到這種報應？」

我知道這樣做很糟糕，但我真的無法再跟蔻琳說話，我過了好幾天才鼓起勇氣告訴她自己這陣子之所以沒約她，是因為球隊跟學校的事情太多。我聽到話筒傳來蔻琳的哭聲，我內心也很掙扎，但我確實無法和媽媽已經不在人世的人共處一室。在我看來，**沒有什麼事情會比媽媽死了更恐怖**。

老媽回來了，因為我吐了血

時間快轉到一九七九年夏天，那年我十六歲（高中二年級），老媽還是和以前一樣爛賭成性，我也成天忙著和兄弟鬼混。在某個豔陽高照的日子，我們一行人搭著公車到紐約上州的游泳池玩。

就在我們排隊買冰淇淋時，我突然昏倒了，等我醒來，身邊早已圍滿一堆關心我安危的人，但我完全沒把這件事放在心上。

幾天後，我一如往常在家附近狂奔玩耍，口中突然濺出一絲鮮血，之後我還在籃球場上吐過血。開學後我又吐了幾次，其中一次是在上體育課時發生的，學校的護士命令我必須去給醫生看看。我瞞著老媽去了一趟家庭醫師的診所，並在那裡做了簡單的檢測，之後就把這件事拋諸腦後，繼續過我的日子。

當時我放學後都會到哈姆父子（J. Harm & Sons）企業打工（公司付我的時薪是八塊，而當時法定最低時薪是三塊二十五分，根本是夢幻工作），有天我在生產線上工作時突然被叫去接了通電話。

聽筒那邊傳來老媽的怒吼：「媽的，你這個小王八蛋，為什麼你沒告訴我你去看了醫生？醫生剛剛打給我，說你必須立刻去一趟大醫院。」

老媽趕到工廠接我，載我到澤西市的基督醫院，櫃檯也立刻辦好住院手續。因為醫生完全查不出問題出在哪裡，所以我在醫院住了他媽的整整十三天，一直到最後，他們都找不出確切的病因，只知道我的肺被感染了，並認為起因是我誤吸了被農藥汙染的大麻。

出院當晚我就嗑了一顆迷幻藥慶祝。

老媽認為我會生病都是她的錯，自責到自己也生病了，並在我出院一個禮拜期間去醫院報到了三次，被診斷出潰瘍和糖尿病。醫生囑咐她不能再喝酒，她也很聽話戒了兩天。

在我們母子接力進出醫院後，老媽就像變了一個人似的不再這麼好賭，也越來越顧家，我們的關係也比從前更緊密了。老媽依舊認為我會生病是她的錯，這份罪惡感（加上之前一切令她心煩意亂的事）讓她徹底改頭換面，我們的凌晨三點談心時間又回來了，老媽也開始做菜給我吃了，偶爾還會烤肉宴客。更重要的是，她終於開始關心我的生活了。

某個週日，洋基隊與大都會隊即將開打，老媽正在張羅烤肉聚會的東西，她叫住正準備到巴札諾家游泳的我，要我離開前先把床鋪整理好。

我反問她：「白痴喔，幹麼要整理床？晚上睡覺時還不是會亂掉。」

老媽的反應速度是出了名的快，她立刻反問我：「所以你每次拉完屎都不擦屁股嗎？反正拉完這次還會再拉下一次？你他媽的去把床給我整理好。」但我還是不鳥她，並趁老媽不注意時偷溜出去。我自以為逃過一劫，在巴札諾家跟朋友和幾個美女玩得不亦樂乎。突然，我聽到街上有人在大喊我的名字。「何塞．安東尼奧！何塞．安東尼奧！」

我都還沒來得及搞清楚狀況，老媽就出現在巴札諾家的籬笆外，手裡拿著藤條一邊敲打著木板一邊開譙，說我沒鋪床就跑出來玩。其中一個孩子問我：「你知道她是誰嗎？」

我說：「我不知道這個瘋女人是誰，打電話報警好了。」

老媽怒吼道：「我是瘋女人？！我今天一定要殺了你！」

我啪的一下跳出游泳池，打開扣住籬笆的鎖，開始亡命狂奔，老媽則揮舞著藤條在後面一路追我追到家。

回到家後，老媽問我：「請問你是在發什麼神經？我不過是要你把床整理好而已。」

我沒打算退讓，於是便怒嗆回去：「我就是不想整理。」

她繼續用藤條打我，而我也舉起手抵擋她的進攻。

我的動作引爆了老媽的怒火，她說：「好啊！你現在敢跟我動手了！」

她衝進廚房，拿出一卷紙巾，當著我的面把它點燃。

「狗雜種，我要把你的手燒爛！」

老媽高舉著火的廚房紙巾在房裡跟我玩起追逐戰，期間燃燒的火星不斷掉到地毯上，她一邊追，一邊用腳踩熄火星引起的火焰，還不停用全世界最髒的西班牙話噴我。最後紙巾變成一團大火球，而她也不得不放手把它丟到草坪上。

「我只是希望你能長大，成為一個男子漢」

其實老媽只是希望我承擔起應負的責任，但她總是會用一些誇張的行為（有時真的就像個瘋婆子一樣）來表達自己的訴求。在我們踏上美國國土的那一刻起，老媽就希望有天我能出人頭地，她曾幻想過我會從軍、上大學、進入法律學院就讀。她最大的願望就是我能報效美國，報答這個國家將我們從古巴解救出來的恩情（這也是老媽永遠準時出席大都會隊比賽的另一個原因：她想在美國國歌響起時驕傲的起身致敬）。

由於老媽還不知道我被留級，也不覺得自己需要擔心我的學業表現，於是便開始嚴格管理起我的課後生活，規定我如果會錯過門禁時間就一定要打電話通報。

某天晚上我在外頭跟朋友鬼混，不僅喝了酒，還嗑了藥，於是便打了好幾通電話向老媽報告自己的最新動態，但凌晨三點過後我就沒再打回家了。

我記得那天早上六點才回到家，幾乎就在我把鑰匙插進鑰匙孔的瞬間，老媽猛然把門打開，並朝我吼道：「你知道我有多擔心嗎！」接著順手給了我一巴掌。

我那時又醉又ㄎㄧㄤ，根本沒力氣跟她吵，便安靜走進房間、關上門、癱倒在床上。隔天早上，我睜眼後第一個看到的人就是老媽，她手上拿著一杯果汁，還慎重其事的向我道了歉。

老媽留著兩行熱淚，溫柔的抱了抱我並對我說：「何塞．安東尼奧，對不起，我這陣子真的過得很不順，但無論如何我都不該把氣出在你身上。老媽一定會帶你脫離這種生活，但我真的好累。」

我也抱了抱老媽，並說道：「沒關係，真的，沒關係。」

「何塞．安東尼奧，我只是希望你能長大，成為一個男子漢。」**老媽這句話徹底觸動了我的內心。**

從那一天起直到現在，這簡單的幾個字，以及她說這句話的語氣，早已在我腦海中重播了數百萬遍。

幾個禮拜後（十一月初），教師會議週拉開序幕，學生們有好幾天下午都是不用上課的。在學生眼中，教師會議週就等於狂歡週，每年這個時候，大家都會爭相舉辦各種瘋狂的派對，而我們也會開始瘋狂嗑藥（我們會在教師會議週舉行年度盛事——瘋狂島派對，但我們已經約好了，要在一年中最冷的那天夜裡開始）。那年的教師會議週我們所有人都蓄勢待發，準備玩他個天翻地覆。

大伙決定在週三晚上開始派對，也準備好了當天的重頭戲：迷幻藥。首先，我們會在尼克披薩屋集合（老闆是假裝自己是義大利人的希臘人），接著決定要參加哪一場派對，然後再看心情跑趴。那天稍早，老媽就已經來電告訴我她今天人有點不舒服，所以會提早回家，真是天助我也。

我心想，如果老媽凌晨一點左右到家，那等我回去時她一定已經睡著了，這樣我就不用拖著被掏空的身體，強裝清醒聽她訓話。

我們一行人到了見面地點後就先嗑了一輪迷幻藥，接著就前往派對尋歡作樂，可沒過多久派對現場就被條子給抄了。我和兄弟們便拖著飄飄然的步伐在街上遊蕩，最後我決定回家休息。

這種時候還有心情搞笑

回到家後我發現屋裡半個人影都沒有，於是在心裡大喊了一聲「靠！」。我走進房間，把走廊的燈留著（我怕鬼），隨即便在迷幻藥的作用下昏昏沉沉睡去。躺下沒多久後我就醒了，就在我起床到廁所小便時，我注意到走廊的燈被切掉了，證明老媽已經回家了，但她臥室的門並沒有關上，代表她人在樓下。

我心中納悶道：「老媽在樓下搞什麼鬼？」

我打算下樓查看一下，當我離廚房越來越近時，我聽到水龍頭的水正在嘩啦嘩啦的流，便以為老媽正在洗碗。走進廚房後，我看到了至今仍在我腦中揮之不去的一幕：老媽因心臟病發作倒在地上昏迷不醒，整個肩膀都發紫了。

我立刻衝向老媽，用手指檢查她的脈搏，但什麼都感覺不到。我撥打 911 求救電話，並感覺到自己全身都麻木了。我不敢相信眼前發生的事情，明明幾個小時前我才和老媽說過話，她怎麼可能就這樣突然離開？我再次伸手檢查她的脈搏，突然間，一個想法從我腦中閃過：「我就知道她一定不會發現我被留級的事情。」

笑話？我這個時候居然還有心情搞笑？**我他媽的是不是有病？**

其實這已經不是我第一次（也不是最後一次）藉由笑話接受現實，我總是會用喜劇的手法排解內心的負面情緒。

由於我完全無法再和老媽屍體多相處一秒，所以便坐在門口（因為我那時根本站不起來）等警察到來。我整個人都被嚇傻了，眼中看到的所有東西都變成慢動作。老媽才四十八歲啊！這麼年輕的人怎麼會死呢？我也才十六歲而已，我這麼年輕就要變成無依無靠的孤兒了嗎？誰會在這麼小的時候就失去母親？

蔻琳和她的家人猛然出現在我腦中，我覺得自己要吐了，我想知道為什麼會發生這種悲劇。我打了通電話告訴佐拉達老媽死了，在聽聞噩耗後，她發出了我此生聽過最駭人的尖叫聲。

隔天老媽的好友全都趕來致哀（跟吸毒），瞬間就把家裡擠得水洩不通。我恨透這群人了（佐拉達、拉薩羅舅舅和貝娃除外），因為他們就像脫韁的野馬一樣，刻意挑在我人生中最慘的日子在我家狂歡作樂。

我把自己關在房間裡，幻想著老媽像往常一樣走進來、放一首〈洛杉磯熟女〉、把裝滿白飯和豆子的餐盤擺在我面前，並和我聊起今天發生的事情。突然樓下傳來尖叫和騷亂的聲音，硬是把我從幻想拉回現實，胡安來了。

胡安和佐拉達不知道是上輩子有仇還是怎樣，他們根本無法待在同一個空間。其實我也記不得在和老媽分手前，胡安與佐拉達之間到底發生了什麼事，我只知道打從胡安離開老媽那天起，佐拉達就把他當成死人看待，因為這個男人徹底踐踏了她好姊妹的心。所有新仇舊恨都在他們四目相交那一刻傾巢而出，但我實在沒有餘力處理這場成人鬧劇，於是便跑下樓勸架。

我把胡安拉到起居室角落對他說：「他們不想看到你，白痴都能感覺得出來。我愛你，但你現在必須離開。」

胡安回道：「我是來幫忙的，你哪來的錢支付守靈費和葬禮費？我想出一份心力。」

我告訴他老爸生前的朋友李維拉（Rivera）在附近經營葬儀社，他剛剛已經來過我家，還說會幫我度過這段難關。李維拉出席時身穿白襯衫與黑西裝，神情相當嚴肅，和客廳那群不要臉的傢伙形成鮮明的對比。

李維拉不認識我，但在古巴卻是和我爸小玩到大的好朋友，直到後來我們家移民紐約，雙方才斷了聯絡。幾年後，李維拉也輾轉搬到紐約定居，不過生活苦不堪言，只能靠當清潔員和打零工的薪水勉強維生。有天李維拉在百老匯大道巧遇老爸，老爸立刻給了他一個熱情的擁抱，並追問起他的近況。

李維拉問我：「你知道你爸做了什麼嗎？他把皮夾翻出來，將裡面所有的錢都塞給我，還問了我的住址，並特地帶了一大堆聖誕節禮物送給我的孩子。」

他接著說：「開始經營葬儀社後，我就開始存錢，打算湊滿一千元後就交給你爸，以感謝他的幫助。後來我聽說他不幸過世，便打算把這筆錢交給你媽，但她婉拒了我的心意。我衷心希望你能讓我接手處理你媽的守靈與葬禮儀式，我不會收你一分錢。」

李維拉的話多少讓我鬆了一口氣，至少我不用擔心喪葬方面的事情，除此之外，聽到自己的爸媽不吝對朋友伸出援手的事蹟令我備感寬慰，也能讓我更了解父母的真實性格。

在我跟胡安解釋有人會幫我打點老媽的葬禮時，屋內又傳來更多尖叫聲。

佐拉達質問某個在屋內閒晃的女人：「妳袋子裡裝的是什麼東西？」

那個女的一臉驚恐的回道：「德諾拉答應過我，說如果她死了這些東西都可以給我。」

眾人聞言後面面相覷，心裡都很清楚她在說謊，因為老媽最忌諱觸自己霉頭，所以連遺囑都沒有立，更不可能詛咒自己死。老媽這輩子從來沒有談到跟死有關的話題，一次都沒有，所以這個女人絕對是在唬爛。

佐拉達一把搶過她的袋子並打開，只見最上層是一些床單和毯子，但下面卻藏著老媽昂貴的貂皮大衣。

佐拉達怒不可遏的罵道：「這個女人才剛死沒多久，妳就迫不及待要偷她的東西，妳這樣做對嗎？」

我也生氣了，便對眾人咆哮：「通通滾出去，你們這些人就是這樣悼念死者的嗎？」

第八章

古巴式道別

我站在原地靜靜聽佐拉達傾吐心聲，
並在那一刻了解她和老媽是真正的摯友。
接著她在棺材上倒了一排白粉，然後一口氣吸光。
淚眼瞬間化成了笑顏。

八年級某天放學後，安東尼・巴札諾和我一如往常在家對面的籃球場打球（安東尼球技也很好，我們當時可說是打遍天下無敵手）。大約到了六點，安東尼的媽媽叫我們一起到她家吃晚飯，但因為那天我還有作業要做，便決定自己回家吃，我倆簡單說了聲再見後就各自回家了。

隔天安東尼沒有到學校，雖然我在上課前瞥見一群老師聚在一起聊天，而且語氣聽起來相當嚴肅，但我也沒有多想，直到巴隆先生（Mr. Barone）來找我問話。

他說：「你昨晚有見到安東尼嗎？」

「有啊，我們昨天還在一起玩，怎麼了嗎？」

巴隆先生都還沒開口回答，我就猜到一定發生了不好的事情。他告訴我，巴札諾一家人吃完晚餐後，安東尼的哥哥法蘭基（Frankie）便載著安東尼和一個叫史蒂芬（Steven）的男人到超市購物。史蒂芬坐在前座，安東尼坐後座，但沒有繫安全帶，突然一輛闖紅燈的車衝出來撞到他們，導致安東尼撞到頭並陷入昏迷。

安東尼的傷勢相當罕見，醫生也沒能把他從昏迷中喚醒，而他就這樣昏迷了整整十一天。這十一天的每一分鐘我都心不在焉，不僅上課無法專心，也不想碰籃球，簡直就是一具行屍走肉。

最後所有醫生都表示他們已經盡力了，並切斷安東尼的維生系統，那年他才十三歲。

我爸走的時候我年紀還很小，所以腦中沒有多少與他有關的記憶，但即便如此，我的心還是因為他的離開而缺了一塊；可想而知，失去一個和你朝夕相處了好幾年的人，帶來的衝擊絕對更大。

我完全不知道如何消化摯友死亡的事實，而我唯一能做的，就是陪伴巴札諾一家人，並**嘗試填補安東尼離開後的空缺**。安東尼走後，我依舊會去他家作客，並假裝什麼事情都沒發生（他的老爸卡爾麥幾年前也走了，在他生命最後的一段時光，我和他的關係變得相當緊密）。

安東尼跟我都是接吻合唱團（Kiss）的歌迷，於是在他葬禮的當天，我把自己所有的接吻合唱團專輯送給他，陪他一起長眠於地底，並在心中發誓除非再見到安東尼，否則自己再也不會聽接吻合唱團的歌（我一直堅守這個諾言，直到最近的某一天才破戒，因為我實在是太想念他了）。我一直在想，要是我們能再多相處幾年，不知道還會幹出多少瘋狂的事情。

安東尼離開的時候我也只是個孩子，所以我只能用唯一知道的方式處理他的死：不去想。我把注意力轉移到其他朋友和運動上，還刻意找了各種事情給自己做，導致我無暇關心老媽艱難的處境，並對她的崩潰視而不見。

老媽死後，一切都分崩離析，我也失去唯一的支柱，在一夜之間淪為孤兒。老媽走後那幾天，**我一直覺得身旁所有人事物都不像是「真的」**，尤其是操辦後事的整個過程，古巴人在送人往生極樂這方面的細節多到不可思議。一般的守靈儀式不外乎是眾人齊聚在一起哀悼亡者，並涕淚縱橫的說出諸如「她生前是個大好人」或「大家都會在心中緬懷她」之類的話。然而，古巴的守靈儀式根本可以用狂歡派對來形容。

古巴守靈儀式長達三天，殯儀館必須保持全天候開放狀態。你以為前來送葬的人會安靜的哀悼亡者嗎？恰恰相反，這些王八蛋會在棺材旁邊喝酒、吸毒、賭博，做一些正常人類根本不會在這種場合做出的事。

在老媽的守靈儀式現場，你可以看到有人聚在角落猛灌啤酒、玩多米諾骨牌、打架鬧事，或是因爛醉而倒在地上不省人事。老實說，我覺得自己顏面盡失。守靈第一天，我穿上自己最漂亮的衣服，在媽媽的弟弟拉薩羅舅舅（從加州趕來）的陪同下抵達殯儀館。老媽的好姊妹佐拉達比我們早抵達會場，她一走進靈堂門口就攬下主持大局的責任，並在發現工作人員給老媽穿錯衣服後朝負責人大發雷霆。

她用咄咄逼人的語氣吼道：「你們最好快點下樓幫她換衣服，要不然我就放火把這間破殯儀館給燒了。」

解決衣服的事情後，弔唁的賓客開始蜂擁而至（每群都有二十人），我還看見一輛載滿古巴人的露營車運來一臺巨無霸保冷箱，而車上每個人腋下都夾著一瓶蘭姆酒。

殯儀館的員工見狀後立刻衝上前去，嘴裡不斷喊道：「等一下，等一下，你們不可以把保冷箱帶進靈堂！」接著一名老兄從口袋裡掏出一張百元大鈔，塞進工作人員上衣的口袋，並對他點了點頭，然後若無其事走進靈堂。等我回過神來，才發現靈堂上已經擠滿了大約兩百人，大家在抽菸、飲酒、作樂。

我心想：「靠北，現在是怎樣？」隨後走到室外呼吸點新鮮空氣。突然，一個念頭閃過我的腦海：或許**這才是老媽想要的氣氛**。老媽才不想看到大家愁眉苦臉的樣子，她一定會希望大家玩得越嗨越好，而眾人也正在努力實現她的願望。

接下來三天，我、拉薩羅舅舅還有佐拉達按照排定的時間分批守靈，我被分配到早上八點到下午四點、拉薩羅舅舅負責下午四點到午夜十二點，接下來的時間則由佐拉達接手。整整三天，老媽身邊都一直有人陪著。

第一天（星期五）跟第二天，靈堂都是鑼鼓喧天的狀態；到了第三天，眾人的興致漸漸開始消退。也正是在這個時候，我最喜歡的班德先生（Mr. Bender，住在我家附近的一個好脾氣大叔）來了，他在我身邊坐下，並開口問道：「喬伊，你還好嗎？你需要什麼嗎？你缺錢嗎？」

我說：「我還好，我是說……我覺得我應該沒事。」

「我可以問一下你之後打算跟誰住嗎？」

我用聳肩代替回答，但這個問題就像磚頭一樣狠狠砸在我的頭上，看來我得趕緊決定今後該何去何從。

他說：「你如果不搬來和我們一起住，我們會很傷心的，你是個乖孩子，也是我孩子的朋友，你大可以放心住進我們家。」

這次簡短的對話對我來說真的很重要，我也由衷感謝他的提議。

我說：「謝謝你，班德先生，我會再告訴你我的決定。」

班德先生和我寒暄完後就離開了，此時守靈儀式也到了曲終人散的階段。從老媽離開那天起，我一次都沒有哭過；我一直在等，等一個宣洩的時機，奈何眼淚就是流不出來。直到所有人都離場，只剩我和老媽遺體獨處的那一刻，我的情緒才終於潰堤。

我的眼淚止不住的噴湧而出，我在那裡坐了好久好久，任由淚水沿著臉頰滑下，並乞求上帝給我一個合理的解釋。最後拉薩羅舅舅帶著我到外面冷靜一下，等我們再次回到靈堂，我看見佐拉達跪在老媽的棺材旁和她說話。

她一邊撫摸著老媽的頭髮一邊說：「妳今天真的好漂亮，妳走了我以後怎麼辦？妳就像是我的姊姊，妳怎麼忍心拋下我自己先走？」

她哽咽著說道：「少了妳之後，一切都不對勁了。」

我站在原地靜靜聽她傾吐心聲，並在那一刻了解老媽和佐拉達是真正的摯友。佐拉達也用行動證明了她是老媽的真朋友，為了確保儀式能按照老媽的喜好順利進行，她在守靈期間一直都在默默觀察老媽生前不喜歡或處不來的人，還會定期調整老媽的胸罩。

她對躺在棺材裡的老媽說：「我向妳保證，妳的兒子一定會成為一個頂天立地的男人，我會好好照顧他、愛他，將他視如己出。」

接著她在棺材上倒了一排白粉，然後一口氣吸光。

「我本來是想分一點給妳啦，不過……」佐拉達聳了聳肩，淚眼瞬間化成了笑顏。

第九章

這不可能是真的

我知道獨居是不可能的，幾乎所有人都想收留我，
搞得好像什麼選秀明星一樣。我還收到各方湧入的善款，
我憑藉著自己悲慘的身世（16 歲的孤兒），
以及父母在短暫人生中廣結的善緣，存到了約 15,000 美元。

守靈結束後隔一天，我們把老媽的屍體請出殯儀館，轉移到她最喜歡的教堂（位於西紐約地聖約瑟夫教堂）舉行喪禮，並將她安葬在北伯根的威霍肯公墓。威霍肯公墓離巴札諾一家人的公寓大約只有五十公尺，完成下葬儀式後，我朝離他們家最近的墓園入口望了一眼，安東尼的媽媽瑪麗・安・巴札諾（Mary Anne Balzano）就站在那，而且我看見有個人靠在她的右手邊……對天發誓，那個人就是安東尼。我朝她走去，張開手臂擁抱了她，那一刻我們不僅僅只是在為老媽哀悼，也是在緬懷安東尼。

就在這一刻，我最不願面對的問題還是來了。老媽所有的喪葬儀式都已經完成，我接下來非得開始思考「未來該何去何從」。好消息是所有人都願意對我伸出援手，而壞消息則是……老媽已經不在了。

但老媽的過世也帶來了一些好處，那就是女生會出於同情而跟我打炮，至少她的初衷是想安慰我，我也對此心懷感激。老媽過世後，某個曾經和我約會過的女孩突然打電話，說想約我出門散心，我心想她鐵定是想跟我來一發同情炮，於是便欣然同意。我跟她其實沒做過，但我覺得在這個時候來上一炮似乎也不錯。到了她家後我們便開始親親摸摸，雙方興致都相當高昂，我脫掉她的褲子，兩人的慾火越燒越烈。就在我伸手褪去她的內褲時，一塊沾滿血的衛生棉冷不防掉了出來，我看見後差點沒昏倒。

我大喊：「我的老天爺，快把褲子穿起來，我一看到血就頭暈。」

她一邊把褲頭往上拉，一邊說道：「我只是想安慰你，我真的很喜歡你媽，她人很好。」

我用最快的速度離開她家，但說真的，**我永遠不會忘記這份恩情**。在你老媽過世後，送花慰問人人都做得到，但如果一個女人願意因此送你一發同情炮，那你一定要牢牢記住這份善意。

與此同時，我還收到各方湧入的善款，這些人都是老媽的人脈、朋友，以及一些我根本就不熟的親戚，我把這些錢通通都存下來。最後，我憑藉著自己悲慘的身世（十六歲的孤兒），以及父母在短暫人生中廣結的善緣，存到了約一萬到一萬五千元。

我知道獨居是不可能的，而同一時間，幾乎所有人都想收留我（當然也包括班德先生），搞得我好像什麼選秀明星一樣。我的選項有胡安、佐拉達、巴札諾家，還有一些街坊鄰居，例如嘉西亞（Garcia）和維羅（Vilro）一家。

除了上述這些人，我還可以搬去和貝娃住在一起，甚至是飛到加州投靠拉薩羅舅舅。仔細權衡利弊後，我覺得班德先生家應該最適合我，因為他在靈堂對我說的那番話深深觸動了我的心。可能是因為他的言行舉止吧，也有可能是因為他在對的時間找上了我；總而言之，我就是隱約覺得自己命中註定要和他們一起生活，於是決定跟著感覺走。

我制定的計畫如下：佐拉達會先搬來和我住兩個禮拜，處理一些銜接工作，而我將在感恩節當天正式入住班德先生家。跟佐拉達相處的兩週一眨眼就結束了，可能是因為大腦還沒恢復正常的緣故，我總覺得自己無論看什麼東西都有點模糊。過渡期結束後，我收拾好行李，最後一次環視自己的房間，心想「這還是我的房間嗎？」我覺得自己擁有的所有東西都在一瞬間被奪走了。我們暫時不確定該如何處理舊家，雖然我目前依然能偶爾回來看一下，但終究已物是人非。

和佐拉達告別時，我們對彼此許下了一些承諾。她對我說：「我保證每天都會和你通電話，還有，這週日墓園見，別忘了。」週日時我如約前往墓園和佐拉達看望老媽，而這項習慣也維持了數年之久。每個禮拜，佐拉達都一定會塞兩百塊給我當作生活費，因為她曾答應過老媽會好好照顧我。

佐拉達搭上計程車離開後，我拖著行李箱往班德先生家走去，完全不知道自己接下來的命運會是怎樣。

抵達班德先生家後，他帶我去看了我的新房間（我跟他其中一個兒子約翰〔John〕共用一個房間），並告訴我衣櫃和櫥櫃的位置，以及分配給我的部分。接著我和班德先生的家人一起走進廚房，雖然我之前已經來過這裡上千次了，但這次不同於以往，這頓晚餐有著特別的意義。

在班德先生家的第一個晚上，我輾轉難眠，害怕自己再也回不去舊家和過去的生活。我那天可能只睡了兩個小時左右，緊緊盯著天花板，思考沒了老媽自己今後該怎麼走下去，難道真的就這樣永遠寄人籬下嗎？

正式住進班德家後，平克·佛洛伊德樂團（Pink Floyd）就發行了他們的新專輯《迷牆》（*The Wall*）；由於所有人都在期待這張唱片面世，所以從專輯發行那天[1]起一直到聖誕節，大街小巷都在播放他們的音樂。那一時期平克·佛洛伊德霸占了所有人的耳朵，無論是史普林斯汀（Springsteen）、邦喬飛（Bon Jovi）或齊柏林飛船（Zeppelin）都只有被消音的份。

我當然也愛死這張專輯了，但裡面有一首歌叫做〈母親〉（*Mother*），每當我和朋友在外頭嗑藥（仙人球毒鹼[2]和迷幻藥）時總是會聽到這首歌，而我也總是會竭盡全力故作鎮靜，但身邊的人還是會突然安靜下來，並露出尷尬的表情，就好像房間闖入了一頭眾人都不准提及的大象。

為什麼悲劇主角是我？

班德家和我的舊家相距大約只有九十公尺，所以在感恩節和聖誕節期間，我經常會刻意路過，看看裡面的燈是不是亮著。除此之外，我也會沿著下坡路一路走到威霍肯公墓，去老媽的墓地看看。我心想，說不定哪天老媽的墓地會突然消失，而舊家起居室的燈也會再次亮起，我也能再次見到她的身影。我一直留著舊家的鑰匙，家裡也還有一些衣服，所以每隔幾天，我就會走進房間更換幾件衣服，順便聞一下老媽的枕頭，再回到班德家。

沒有老媽的第一個節日真的很難熬，那種感覺根本無法用文字形容，更慘的是平克・佛洛伊德的專輯一直都沒有退燒，所以那首歌也不斷騷擾著我。我感覺自己已經徹底崩潰，也知道自己必須為她的死感到悲傷，但**我真的不知道具體該做些什麼**。

按照慣例，老媽的古巴聖誕節慶祝活動會在十二月十七號拉開序幕（紀念聖拉撒路），當老媽過世後的第一個十二月十七號來臨時，所有人都只是把這天當成普通的一天來過，但我心中總是感到怪怪的。其實班德一家人已經很努力在營造節日的氣氛，我也相當感謝他們的付出，但再多的愛、餅乾和禮物都填不滿我內心的空洞。

佐拉達、胡安，還有好多人都邀請我去過平安夜，但我一一婉拒了他們的好意，那天我只想一個人獨處，再和班德一家人共進平安夜晚餐。為了不讓自己閒下來，我走進了美茵地酒館（北伯根當地的脫衣舞俱樂部），打算轉移自己的注意力。門口的守衛什麼都沒問就開門讓我進去了，接著便在一個老頭旁邊坐了下來，希望接下來的表演可以減輕我肩頭上的重擔。

---

1 譯按：一九七九年十二月八日在美國發行。

2 編按：同為致幻藥物。

但這間脫衣舞俱樂部的表演真的噁爆了，她們除了跳舞以外還會做其他表演，例如把啤酒瓶塞進鮑魚裡，拔出來後再噴你一臉。這還不夠看，由於今天是平安夜，她們的演出也比平常更髒。坐在我旁邊的老頭舉起一張二十元鈔票，一名脫衣舞女郎朝他走來，從他手接過鈔票，塞進丁字褲的繫帶裡。接下來，她把內褲拉到一旁露出縫縫，並取下那個老頭的假牙，然後把整組假牙塞進鮑魚裡攪一攪，再取出來裝回老頭嘴裡。

看到這一幕後，我腦中所有想法（不管是好的還是壞的）都在一瞬間消失得無影無蹤，而我唯一想做的，就是趕緊離開這個鬼地方。接下來一整天，一直到隔天（聖誕節），假牙刷鮑魚的畫面一直在我腦中揮之不去，但我覺得至少比想念老媽來得好。

聖誕節過後的第一個早晨，我從床上醒來，並在心中對自己說：「我到底在煩惱什麼？我還不是撐過聖誕節了，還有什麼好怕的。接下來我要和兄弟們一路玩到跨年，再也不要因為老媽的事鬱鬱寡歡了，其實我還是過得蠻順的。」

十二月三十號一眨眼就到了，那天我參加了一場由某個女生（她住在北伯根鎮另一端）舉辦的小派對，現場大約只有二十五人，其實沒什麼搞頭，因為所有人都在為隔天的跨年趴養精蓄銳。

我在派對上用完藥（當時我**使用毒品**已不再只是為了快感，而是把它**當成一種心理治療手段**）後和幾個朋友一起去看了老電影《幽浮魔點》（*The Blob*，由史提夫．麥昆〔Steve

McQueen」領銜主演），但由於劇情實在是太瞎了，所以我又吞了兩顆仙人球毒鹼。

就在我和朋友一邊嗨一邊傻笑的時候，一股負面情緒突然如潮水般向我襲來。

我的心好痛，痛到難以忍受，此時我的腦中又突然響起〈母親〉的前奏，這是我人生頭一次體驗到恐慌突襲的感覺（真的很可怕）。我迅速放下手中的啤酒，沒命似的跑到外頭呼吸新鮮空氣。

此時的我早已淚流滿面。這種痛徹心扉的感覺導致我開始止不住的狂吐，不久後，酒精隨著嘔吐物離開了我的身體，但藥物卻還在發揮作用，令我的大腦轉個不停。

即便到了現在，回想起這段往事依舊使我感到悲痛欲絕。

我一路步行回家，每多走一步，就哭得越厲害。最後，我也不知道自己在想什麼，居然就這樣一路走到威霍肯公墓。我翻過公墓的護欄，用最快的速度找到老媽所在的位置，並跪倒在她的墓碑前，開始用手挖土。

我一邊挖一邊哭，就是不願意相信她已經走了，我想知道為什麼她會死，**我想知道為什麼自己會成為悲劇的主角**。

我知道我親眼看見老媽死在廚房，也知道自己親眼看見她的屍體躺在棺材中，甚至目睹了眾人將她葬在我身下的這一塊土地，但此刻的我就是不願相信這一切都是真的。

老媽根本沒死，一定是大家在整我，我那麼愛上帝，祂不可能會這樣對我的。

我不斷大聲對自己說：「這只是一場惡夢，我現在就證明給你們看，老媽的屍體一定不在這下面。」我一邊說一邊挖，直到雙手全都沾滿泥土，臉上的淚水也傳來寒意為止。我轉身躺在被我扒開的土地旁放聲大哭，並在這寒風刺骨的夜裡待了足足三十分鐘後才起身繼續前行。

我再次翻過來時那道護欄並朝舊家走去，最後坐在事發當天我坐著等警車的地方。深吸一口氣後，我起身按下門口旁的電鈴。其實鑰匙就在我的口袋裡，我只是不想自己開門罷了。

我不斷按門鈴，希望老媽能幫我開門，並再對我怒吼一次，問我：「你他媽的在搞什麼鬼！」我想再跟她四處走走，也想再看她一邊吸白粉，一邊向我述說生活瑣事的畫面。

我想告訴老媽我願意陪伴她，也願意傾聽她的心聲；我知道她一直在煩惱錢的事情，也知道她的內心藏了多少傷痛，我想讓她知道我願意幫忙、願意多打一份工、願意為她付出一切，只要她能開心就好……只要我們還能在一起就好。

我想要我的生活恢復原狀，現在這樣不是我要的人生。

我想要老媽的生活也恢復原狀。

回到班德家已是凌晨五點鐘，我上床睡了一會便起床前往公墓，看到自己的傑作後，我開始著手盡量將墓地復原。

「我只是希望你能長大，成為一個男子漢。」當我在把坑洞填滿的同時，耳邊一直響起老媽說過的這句話：「我只是希望你能長大，成為一個男子漢。」

第二部

犯罪生涯

我已經沒有家人了，沒有人會期待我成為好學生，更不會有人期許我會成為一個更好的人，或是把我當成依靠。

於是我對自己說：「管他的，我這輩子就這樣了。」

第十章

惡師出惡徒

我每天都鬱鬱寡歡，
腦中唯一能想到的解決方式就是透過酒精、毒品，
以及各式各樣反社會的犯罪行為治療自己。
在惡魔的調教下，我學會了身無分文生存術，
也看見了自己平時根本不會注意到的賺錢機會。

我的童年其實過得還算多采多姿，而且都是些鮮豔的色彩。雖說我也經歷過一些倒楣的事情，但整體來說，我還算是個前途一片光明的好孩子。然而，進入青少年時期後，我的生活突然變成一部永遠演不到結局的黑白恐怖電影。

老媽的死令我崩壞到無法修復的地步，也讓我的人生徹底失去光彩。我每天都鬱鬱寡歡，腦中唯一能想到的解決方式就是透過酒精、毒品，以及各式各樣反社會的犯罪行為**治療自己**。

誠如我之前所說，我和兄弟們從來都不覺得自己的行為（偷竊）是犯罪，而是認為我們不過是在娛樂之餘賺點黑錢。然而，自從老媽死後，我完全變了。

我在老媽過世後的第一個二月滿十七歲，並在同年認識了一個名叫「惡魔」的男人。「惡魔」比我大兩、三歲，是個超暗黑的狠角色，大家都警告過我，叫我不要跟他走得太近，但我那時對一切都抱著無所謂的態度，因此並不覺得跟他混在一起會有什麼危險。

我很喜歡惡魔，我倆很快就開始幹起倒賣金屬廢料（當然是偷來的）的勾當；不過他每次都會私吞我應得的分成，假設今天幹完這一票我本該拿到一百元，他最後只會給我七十五元，因為他是詐騙之王，但我完全不介意。在惡魔的調教下，我學會了身無分文生存術，也看見了自己平時根本不會注意到的賺錢機會。沒過多久，我的膽子就越變越大。

創業，販毒的毒蟲

惡魔告訴我賺錢的機會往往就在自己的眼前，當時我每天放學後都會到木料廠打工，時間是下午兩點到五點，其中一項工作就是將工廠要寄出的信送到郵局。有天我到了郵局後才發現他們今天沒有營業，就把信投到外面的郵筒。過程中一封信不小心掉到地上，我彎腰把信撿起來，感覺到裡頭有東西在滑動。我想知道信封裡裝的是什麼，於是將其他信件盡數投入郵筒，唯獨把這封塞進口袋。

當天晚上回到班德家後，我把信拆開，發現裡面裝了兩張加油卡和兩張支票，一張是兩萬八千美元，另一張是兩萬美元。我立刻把加油卡賣掉兌現，並找一名朋友討論該如何兌現這兩張支票，他說我可以打電話給他哥哥（他哥是道上的兄弟）問問。

我在當地的一間披薩店和他哥見面，並讓他看了手上的支票。

我晃了晃兩張偷來的支票並問道：「你有什麼高見？」

他把支票前前後後仔細檢查了一番，並說：「如果我的計畫成功了的話，兩萬八歸我，兩萬給你。」我也同意了。

幾天過後，他又約我在同一間披薩店見面，並遞給了我一個裝了兩萬元的信封，我心滿意足的收下這筆贓款。

我再也沒踏進那間木料廠半步，這筆錢成了我的「創業」基金，幫助我成為**當地招牌最大支**的毒品大盤商。我會到東斯特勞茲堡跟之前那位製毒師批貨，帶著滿滿的仙人掌毒鹼、迷幻藥和黑美人[1]回到北伯根兜售。販毒是門暴利生意，那段時期我賺錢的速度快到你根本無法想像，假設一千粒黑美人進貨價是四十元，我就會把售價定為一粒一塊錢。

我雖然賣得量多，但自己卻用得更多，此時古柯鹼已經成為市面上最流行的毒品，幾乎所有癮君子都在吸白粉。我也不例外，我總是靠這些白色粉末逃避所有自己不想面對的感受，而它的效果也從沒讓我失望過。沒過多久，我的古柯鹼用量便徹底失控，從幾天用一次進化到每天都要吸上幾口。想當然耳，我開始頻繁曠課，無時無刻都嗨得像條狗。在我眼中，沒有任何事情會比嗑藥跟販毒賺錢更重要。

不出幾個月，我就成了這一帶人見人嫌的毒蟲，從調皮搗蛋的小鬼搖身一變，成為眾人敬而遠之的人物。雖然我徹底歪掉了，但班德一家人對我還是超好的；即使我的名聲整個臭掉，他們依舊沒有對我置之不理。我很感謝班德一家人的不離不棄，因為我當時確實覺得自己被眾人拋棄了，那些在老媽喪禮上信誓旦旦說只要我有需要，自己就會立刻趕來幫我的人，好多都食言了。喪禮一結束，他們就人間蒸發，也根本不接我電話。

1 譯按：Black Beauties，含有十毫克安非他命、十毫克右旋安非他命的組合膠囊（錠劑）。

我跟胡安也沒有往來了，因為他在老媽死後三番兩次惹火我，不停告訴我她在外面欠了多少賭債（加一加有好幾十萬），搞得好像她的死完全是咎由自取。問題是我根本就不需要這些事情，也不想聽到這些爆料。有次我和朋友在舊家開派對，所有人都玩瘋了，有個人吐暈在廁所馬桶旁。後來我進廁所想大便，看到他倒在那裡，便把他的頭先移開，拉了一泡屎，接著再把他的頭放回馬桶裡，哈哈！

誰知道胡安突然出現（我根本不知道他為什麼會來舊家），把我們臭罵了一頓後趕出去，之後更把門鎖換了，讓我想進也進不去。現在的我可以理解為何胡安會發這麼大的氣，因為我們不僅在裡面吸毒，還把房子搞得烏煙瘴氣，但當時的我對他只有滿腔的恨意，覺得他應該**站在我這邊**才對。

我這輩子就這樣了

這件事讓我對班德一家人心懷感激，感謝他們對我展現出的寬容。我想他們也很清楚我的問題除了跟老媽的死、被迫接受新生活，以及把小水晶（Crystal）送人（我跟老媽養的狗，後來交給塔提的老婆妮娜照顧）有關，也是因為我和胡安決裂、安東尼去世，以及我的另一個好兄弟多米尼克（Dominick）在暑假溺水身亡——這些悲劇（還有一些其他的事情）全部加在一起，才導致我變成現在這樣。

然而，當我越沉淪於毒品與偷竊的漩渦，就發現自己越發難以抽身，並持續做出一些脫序的行為，而警察出現在班德家門口的頻率也越來越高。班德先生的耐心終於在一年半後徹底耗盡，在我準備升上十一年級的那個四月，班德先生流著淚對我說：「我也不想這樣做，但你真的惹出太多麻煩了。」他塞給我一大疊鈔票，要求我離開他們家。

正當我以為自己要流落街頭時，幸運之神又再次眷顧了我，魯尼（Runne）一家對我拋出橄欖枝，表示願意收留我。魯尼一家共有五個孩子，分別是瓊安（Joan，唯一的女生）、麥克（Mike）、史提夫（Steve）、瑞奇（Ricky）和巴比（Bobby），後來我和他們都成了關係很好的朋友。

我對魯尼一家的經濟貢獻幾乎為零，雖然我靠著販毒賺進了大把鈔票，但當一個人大部分時間都過著酒池肉林的生活，坐吃山空也只是時間早晚的問題（接下來幾十年經歷更是讓我對此鐵律深有感觸），所以我身上一直都沒什麼錢。

一轉眼暑假就到了尾聲，魯尼先生對我說：「喬伊，我們家有太多孩子了，從現在起，你們每個人每星期都要交三十五元支付各種帳單與生活費。」

說真的，三十五塊錢不多，我也確實應該出錢貼補家用，但我當時不知道哪來的怪想法，認為比起把販毒的收入交給魯尼先生，我更想把錢留在自己的口袋，哪怕多一秒鐘也好。為此，我必須做出一個重大的抉擇：開學後回學校讀書，繼續過著這種捉襟見肘的生活，或是休學找份全職工作，承擔自己應負的責任。

我心想，我已經沒有家人了，沒有人會期待我成為好學生，也沒有人會陪我一起參加畢業典禮、看著我在臺上領取畢業證書，**更不會有人期許我會成為一個更好的人**，或是把我當成依靠，於是我對自己說：「管他的，我這輩子就這樣了。」學校開學後，本應升上十一年級的我就這樣消失在入學名冊中。

我在附近的倉庫找了份搬貨的工作，每小時可以賺二十五元，在當時來說算是相當優渥的待遇了。倉庫搬貨工的試用期是三十天，一切都進行的非常順利，我很喜歡，也相當重視這份工作；每天都是第一個上班，最後一個下班的那個人。為了這份工作，我甚至強迫自己不能在工作日嗑藥，以保持清醒。

有天我不知道吃了什麼壞掉的東西，在工作到一半時開始狂吐不止，把衣服跟褲子都弄髒了。我問身邊的同事自己能不能把休息時間提前，好趕回家換套衣服再來，但當我再次回倉庫時，卻發現工作區域外的大門被鎖上了，任憑我怎麼叫都沒人來開門，所有人都把我當成陌生人。隔天我接到公司的電話，說我因為「擅離崗位」被開除了，但我打算用非法解雇的理由和他們抗爭到底。

奇蹟發生了，我的案子傳到工會的耳朵裡，而當初不當解雇我的公司也在幾個月後付給我一筆驚人的鉅款作為賠償：一萬五千塊錢。

只可惜這筆錢來得快去得也快，我一拿到錢就又過上了之前夜夜笙歌的日子，雖然我的兄弟都還是學生，但我每晚都會找他們出門狂歡。這筆錢很快就被我們揮霍殆盡，到了隔年春天，我為了賺錢又不得不再幹起偷拐搶騙的勾當。

我問了自己：「惡魔會用什麼方法賺錢？」

罪犯的代名詞：可可

我把目標鎖定在魯尼家對面的一棟房子，那棟房子的屋主是一名有錢的音樂製作人。仔細觀察一陣子後，我心想：「我得想個方法闖進去。」最後我夥同另一名好朋友潛入他家，把裡面所有值錢的東西都搬個精光，後來甚至開始與幾個兄弟在哈德遜郡公園攔路搶劫路人。

為了自保與因應意外，我在行搶時總是會隨身攜一隻點三八手槍，但我們一直都沒碰上什麼大麻煩，因為我們打劫的那些人根本都是廢物，他們大多是已婚的男人，到公園的目的就是想看看有沒有人願意幫他們吹屌。我們的做法是躲在樹叢裡，等合適的人選出現後，再一擁而上把他們身上的財物洗劫一空。

這群魯蛇根本不敢報警，因為這樣他們到公園約炮的事就會被老婆發現，所以只能摸摸鼻子自認倒楣。

就這樣，我們這幫人（我、臭男〔Stinky〕、泰迪〔Teddy〕、卡羅斯〔Carlos〕、鵜鶘哥〔Pelican〕、傑瑞〔Jerry〕等）開始了自己的犯罪生涯，不僅每天都會解鎖新的成就，膽子也越來越大。

有次我偶然發現當地一間珠寶店沒有安裝警鈴系統，而且永遠都只有兩個看起來超好騙的老女人在顧店。某天我走進這間珠寶店，謊稱要看戒指，其中一人取出一個托盤擺在櫃檯上，我趁她轉身拿其他東西的瞬間從托盤上摸走了兩個戒指，並迅速將它們藏到襪子裡，她完全沒注意到我順走了店裡的東西。最後，我拿著這兩個戒指到當鋪，賺了好幾百塊美金。

不久後的一天，我們幾個兄弟聚在一起吃午餐，泰迪突然說道：「操，我今晚想嗨一下，得想辦法弄點錢。」

「我知道哪裡可以搞到錢。」我立刻接話。

我再次光臨那間倒楣的珠寶店，看見裡頭擺著一個展示盒，裡面至少有兩百條粗細不一的金鍊，下方還有一大堆黃金手鍊。我心想，如果能偷到這些黃金，一定能賺上一大筆現金。接著我又巡視了一番，終於看到最適合下手的目標：滿滿一盤鑽石婚戒，大概有三十只。我趁著她倆不注意時一個箭步往前衝，抓起盤子就往衣服裡塞，接著頭也不回的逃離現場。我把贓物交給自己認識的一個小弟，他用一萬塊把所有戒指買下，這筆錢讓我們爽爽過了一整個禮拜。

從此以後，偷東西、倒賣贓物換錢、把錢揮霍殆盡，就成了我們的基本循環模式，雖然都沒有工作，但靠著這一套賺錢模式，我們的日子也還算過得逍遙快活。

有次我和幾個兄弟壓了兩萬塊賭達拉斯牛仔會打贏匹茲堡鋼人，結果輸個精光。由於我們是透過學校的一名老師下注，所以就算想跑也跑不掉。

我們必須在週四前籌到兩萬塊，幾個人便聚在一起思考可以弄到錢的地方跟對象，最後決定再次向那間倒楣的珠寶店下手。

但這次我需要一個幫手，因為坊間已經開始流傳這裡有人專門搶劫珠寶店。我們的計畫如下：我會先走店裡要她們拿出一些珠寶首飾給我看，等她們把商品放在櫃子上後，再趁她們不注意立刻把東西搶過來，丟給負責在外面接應的臭男，並和他朝相反的方向拔腿狂奔，最後在會合地點見面。到了會合地後，臭男再把珠寶交給我，而我則會跳上傑瑞事先停在那邊車揚長而去。

雖然我總感覺這次行搶計畫更像是自殺行動，但我們還是幹了。畢竟，我也沒什麼好失去的。

事情本來進行得很順利，但臭男卻在把東西再次交給我時手抖了一下，導致珠寶散落一地，而此時那兩個老女人也一邊罵，一邊追了上來。我倆手忙腳亂的把東西從地上撿起來，並在最後一刻翻過圍籬，一起跳上傑瑞的車逃離現場。

車子開到一半時，我們發現一輛警車亮著警示燈從後方疾速駛來，但我們並沒有因此驚慌失措，而是裝出一副什麼事都沒有的樣子。好巧不巧，就在警車距離我們越來越近時，車子的後車廂突然沒來由的彈開，我們三個人都覺得自己這次死定了，但那輛警車卻逕自從旁邊開走。

這批貨讓我們發了一筆橫財，把賭債還清後還剩下一大堆現金，搞得我們根本不知該從何花起。

幹完這一票後，所有人都對我們另眼相看，人們知道我們什麼壞事都幹得出來。甚至還有幫派想招我入會，這件事聽起來很風光沒錯，但也導致我的聲名越發狼藉。

關於我參與了這場劫案的流言甚囂塵上，之前的老師道頓先生（Mr. Dalton）也告訴我警察正在找我，說他們正在校園中拿著我的照片四處打聽我的消息，要找一個外號叫做「可可」的人。

可可原本是我的小名，但現在卻成了罪犯的代名詞。

得知此事後，我便跑到佛羅里達州薩拉索塔市的朋友家避避風頭，但惡魔很快就聯繫上我，告訴我那間珠寶店的店主是他大嫂的親戚，現在事情已經被壓下來了，警察也沒有再繼續找我了。如果不是我跑得快，鐵定會被警察逮到，而且不得保釋，最後他們還會以強盜與變賣贓物罪起訴我。

我的直覺告訴我，應該是珠寶店老闆主動向警方提出不要繼續找我了，因為只要我沒被抓到，他就可以向保險公司索要一大筆錢。我猜他之所以放過我，也只是為了拿到賠償金，但也有可能是想真的給我一條生路。總而言之，得知好消息的我立刻訂了機票飛回北伯根。

回到北伯根後，我又開始每天和朋友四處惹事生非。一九八二年跨年夜，鵜鶘哥不知道發了什麼神經，突然和大伙其中一個人打了起來，結果被對方硬生生啃掉耳朵上的一塊肉。我們趕緊把碎肉撿起來，裝進袋子裡，然後開車載他回家。說真的，那天應該是我這輩子吐得最嚴重的一天，因為車上跟鵜鶘哥身上全都沾滿血跡。

我做過最下賤的事……

你可能會以為珠寶店搶案過後我會收斂一點，並找份正經的工作、過上正常的生活，我只能說你錯得離譜。在那之後**我參與了一場大型保險詐騙計畫**，幕後的主使者是一個叫做Zy的賤人，這場騙局規模之大，只能用嘆為觀止來形容，參與方包括醫院、律師、醫生，以及所有你能想到的人。

首先，你要做的事就是讓自己「受傷」，再到帶著你的假傷口去醫院報到，接著他們會建議你去找某某醫生做檢查。與此同時，詐騙律師也會出動，對讓你受傷的場所提告。

接下來你要做的，就是把這段期間收到的所有帳單收好收滿，最後交給保險公司索賠索賠再索賠，所有參與的人都能分到一杯羹。

我記得自己去看脊骨神經醫生那天，電視正在播放金得九（Kim Duk-koo）與雷・「砰砰」・曼奇尼（Ray "Boom Boom" Mancini）的拳擊比賽[2]，所有人的注意力都被精彩的賽事吸走，於是我便偷偷溜進後方辦公室，摸走放在椅子上的公事包。

包包裡面有一些支票和信用卡，此時的我早已練就一身兌換支票的功夫，根本不會有人懷疑我。然而，我錯就錯在把其中一張支票交給一名朋友處理，這個低能兒不僅立刻被銀行識破，還把我抖了出來。

我在一九八三年一月二十日因持有贓物被捕，這是我人生中第一次被抓。我被送往伯根郡監獄，保釋金是一千兩百元，最後一位朋友的老爸把我保出來。出獄後的我並沒有因此感到不爽，反而是和朋友一起開玩笑，說警察也太遲鈍了，居然拖到現在才逮到我。

因緣際會之下，我和爸媽的老朋友帕波（Papo）再次搭上線，他給了我一份工作。讓我在西班牙哈林區[3]的一一三街幫他經營非法簽賭事業（還算是正派經營的非法簽賭）。雖然一個星期要工作七天，但這樣的生活對我來說還算不錯，因為**至少每天有事做**。在帕波手下做事，每週都能賺到近一千兩百元，所以即便是在寒風刺骨的冬天，我也從來沒有一句怨言，因為有份工作可做實在是太幸福了。

但我沒這麼笨，我很清楚非法簽賭的發展已漸漸式微，現在的簽賭交易量跟老媽在七〇年代時期的業績根本無法同日而語。近年來，選三彩券（Pick 3 lottery）越來越流行，許多少數族裔群體也都紛紛經營起自己的賭彩事業，導致我們這些古巴組頭的生意每況愈下。

有天，我一如往常去上班，到了集合地後才得知他們今天不做生意，給了我五十元車錢就讓我回家，但因為時間還早（早上十點左右），所以我就在曼哈頓市閒晃。漫無目的地逛了一陣子後，我決定買袋大麻和一份報紙，搭公車回家補眠。

就在我走進大麻交易中心時，一張漂亮的臉孔映入我的眼簾。

「妳好啊。」我開口說道。

她對我笑了笑，接著說道：「你好啊……那個，你想不想跟我分一盤？」

2 編按：金得九在比賽中遭擊倒並身亡，此悲劇也讓世界拳擊理事會更改拳擊規則。

3 譯按：Spanish Harlem，即東哈林區，紐約最大的拉丁族裔社區。

我問她：「分一盤什麼？」

「分一小盤天使塵，可以加在捲菸裡抽，只要三塊錢就好。」

「這是什麼鬼組合？當然好啊。」

買好草後（我請她），我們一起走向附近的公園，她在鞦韆上教我怎麼把天使塵加進捲菸裡。享用完加料的草，我們倆坐著傻笑了好長時間，之後一起穿越哈林區，抵達中央公園的邊緣，沿著外圍閒逛，等回過神來，才驚覺居然走了整整七個小時。

過了一陣子，她突然伸手摸了摸肚子，並開口說：「寶寶一定餓了。」她一邊說，一邊解開外套，從肚子的大小判斷，孩子至少有六個月大了。

我忍不住大叫：「幹他媽的！」

我在內心質問自己：「我剛剛是在跟孕婦一起吸毒嗎？」我不敢相信自己居然會做出這種事，心情頓時盪到谷底。我幫她買了個三明治、幾包洋芋片跟一些牛奶，接著就立刻離開現場。

不知道為什麼，這件事情一直縈繞在我的心頭，老媽死後我幹了不少壞事，但唯獨這件讓我如鯁在喉。我心想，如果老媽知道我教唆孕婦吸毒會怎麼看我，**這真的是我做過最下賤的事情了**。

孕婦吸毒事件結束不久後，我和幾個兄弟一去酒吧玩，就在酒酣耳熱之際，突然有人說自己的錢包被偷了，所有人第一時間都認為是我幹的，真的！就在那一刻，我徹底意識到自己早就毫無名聲可言。

在眾人的幫助下，那人最後找到遺失的錢包，並證明我不是小偷。事後所有人都來向我道歉，但這都不重要了，我知道自己已信譽掃地，必須趕緊改頭換面。

第十一章

神祕大盜

才 20 歲就成為當地毒瘤的我，

現在卻意外獲得一次洗心革面、展開新生的機會。

我們很快就駕車離開紐澤西州，前往科羅拉多。

吉米·伯克（Jimmy Burkle）住在我們家附近，但我並不認識他，只是從別人口中聽說過他是個硬漢，而且相當聰明。某天晚上，我一個人在酒吧喝酒（南方安逸香甜酒加柳橙汁），吉米突然在我身邊坐下並與我攀談。

他說：「我只打算在北伯根待幾個禮拜，拿點東西，然後就要回科羅拉多州了。」

我問他：「你現在住在科羅拉多州嗎？」

「對，我住在亞斯本旁的玄武岩市。」

他的回答勾起了我的好奇心，我繼續問道：「你覺得那邊怎樣？」

「那邊超讚的，跟這裡完全不一樣，我等不及要趕回去了。」

我和他約好隔天再到酒吧碰面。

我用幾近懇求的語氣問吉米：「我可以跟你一起回科羅拉多嗎？」

他答道：「其實這樣正好幫了我一個忙，我不小心把駕照搞丟了，所以現在正在找人開車載我回去。」

吉米的回答讓我欣喜若狂，他還會在北伯根待兩個禮拜，打理一下他在當地用七百塊買來的二手車，而我也可以趁這段時間收拾行李之類的。

但首先，我必須搞到一筆錢，因為此時的我早就把所有積蓄揮霍殆盡了。我打算帶四千元到科羅拉多闖蕩，並擬好了一套計畫，要對某個神經特別大條的組頭下手（這個人跟我朋友借了錢不還，所以他被搶也算是活該）。

他住在西紐約，其實我還蠻了解他家的地理環境，也知道他在院子裡養了一條惡犬，想闖進他家，我勢必要穿越他的前院。為了讓計畫順利進行，我花了整整一週跟那條狗打交道，每天都帶著牛肉漢堡或雞肉三明治去討好牠。我會刻意跳進院子裡和牠玩耍，有次還特地帶了一顆球跟牠玩拋接遊戲，而我也感覺到牠似乎有點喜歡上我了。

行竊當晚，我跳進院子內，往四周環視了一下，發現到處都找不到那條狗的蹤影，覺得這樣正好省去不少麻煩。然而，就在我開始用螺絲起子把窗戶橇開時，我聽到不遠處傳來輪胎摩擦地面的痕跡。條子來了，而我壓根不知道自己是怎麼被盯上的。

我拔腿就跑，他們也立刻跳下車、舉著槍在後面追我。如果我想甩開他們，就必須翻過好幾道圍籬，而此時那條惡犬也被周遭的動靜吵醒，瞬間加入追逐的行列。終於，我跑到最後一道籬笆前並奮力一跨，前腳安然著地，但就在後腳也準備跟上時，我的手突然被鐵絲網勾住。雖然當時我手上戴著竊賊專用的皮手套，但尖銳的鐵絲還是刺穿了我的手掌。

警察不停把手電筒的光朝我臉上照，我當下也顧不得疼痛，硬生生把手抽出並往前狂奔。我就這樣一邊流著血，一邊跑了（大約）十二個街區和整整五條大道的距離。

我跑回家後第一件事就是立刻癱倒在床上，並用盡全身的力氣大罵了一聲「幹你娘！」既然沒有搞到錢，我想走出北伯根的計畫也徹底泡湯。吉米知道後只是說了一句：「操，沒駕照就沒駕照吧。」接著便拋下我開車前往科羅拉多。

展開新生的機會

週一我照常到帕波那裡上班，他告訴我有個叫安玖（Angel）的男人在找我。

帕波說：「他說他有事要告訴你。」

我答應跟這個安玖見上一面；安玖是古巴人、同志、脾氣超好、個頭小小的，他說他最後一次見到老媽是在一九六九年她和胡安的婚禮上，並說自己是老媽和老爸的老友，以前（我爸死前）還一起合夥做過生意，而且發展得還不錯。

安玖告訴我：「你媽當年改嫁時，把你爸堅持一定要留著的投資全都賣掉了，最讓我心寒的是在婚禮當天，我看到胡安戴著你爸的珠寶。我跟你媽說這樣做不好，但她卻直接叫我去死。」

我們聊了一陣子，最後安玖對我說：「你真的長得跟他們好像，你明天可以帶一張你爸的照片給我嗎？」

我確實有幾張老爸的照片，於是隔天便送了一張給安玖，他收下後立刻掏出一千五百塊給我。

我一臉不可置信的盯著手上那疊現金。

安玖說：「我非常敬愛你父親，我因為同志的身分而在古巴處處遭人排擠，他們不是揍我，就是對我不理不睬，只有你爸爸願意為我挺身而出，他的舉動對當時的我來說意義非凡。」

安玖繼續說道：「為了報答你的父親，我決定幫你一把。我希望你用行動實踐自己的計畫，到科羅拉多去闖一闖，我每個月都會寄生活費給你。你聽到沒？我希望你去過自己想要的生活。」

這件事真的只能用奇蹟二字來形容。

好運還沒結束，當晚我回到澤西市後又去了一趟酒吧，結果你猜我在裡面看見誰？吉米．他媽的．伯克本人！我問他：「你在這裡幹麼？你搬回來了嗎？」

他說：「那臺破車開到賓州就壞了，我只能先請人把車子拖吊回來維修，過幾天我就要走了。」

真是天助我也，才二十歲就成為當地毒瘤的我，現在卻意外獲得一次洗心革面、展開新生的機會。

我們很快就駕車離開紐澤西州，前往科羅拉多，當車子開進高地丘公寓區（我和吉米今後的住處）時，我簡直不敢相信自己的眼睛。這裡的環境也太好了吧，到處都是綠色的植物與草皮，就連空氣都和澤西市截然不同。

吉米的哥哥在這裡已經住了一陣子，所以家裡的一切基本上都已經打理好了。我們的房子一共有四間臥室、一個超大的地下室、一間起居室，以及一個與其他公寓相連接的露臺，眾人可以在這裡聚會或辦烤肉趴之類的。公寓區依山而建，風景宜人，而且租金超級便宜。

我盡情享受嶄新的生活，科羅拉多州的一切都讓我感到平靜祥和，尤其是這裡悠閒的氛圍。除此之外，我根本不用擔心錢從哪裡來，因為安玖每個月都會給我一筆生活費。幾個禮拜後，佐拉達的來電讓我原本安逸的生活戛然而止。

佐拉達問我：「你最近有跟帕波聯絡嗎？他有沒有告訴你？」

「告訴我什麼事？」

「安玖因為心臟病過世了。」

其實我跟安玖根本就不熟，但我還是哭了一整天。雖然相識的時間不長，但我對他的印象卻異常深刻。說實在的，我會這麼難過還有另一個原因，那就是我已經失去太多重要的人了。

到了科羅拉多後的我發憤圖強，下定決心戒掉古柯鹼，也不再從事犯罪行為，並在瀝青工廠找了一份真正的工作：每天推著獨輪車搬運瀝青，要不是吉米和我之後決定搬到斯諾馬斯村（離高地丘公寓約二十四公里遠）居住，我可能會就這樣一直做下去。很可惜，最後我在斯諾馬斯村幹下了（在科羅拉多州的）第一票竊盜案。

「我從來都不用毒品」

在科羅拉多州我大約有整整四個月都沒有碰毒，也沒有犯法，但現在這些日子累積的毒癮和犯罪癮在一夕之間徹底爆發，搞得我的鼻子和手都癢到不行。

我在這裡幹的第一件壞事是小竊案，我潛入斯諾馬斯村當某間三明治店的辦公室，從裡面偷走了一袋現金。我把空袋子丟進某間超市後的垃圾桶，並將錢藏在公寓外的某處，這樣一來，就算我被抓到了，對方也無法以持有贓物罪起訴我。

嘗到甜頭後的我再也忍不住重操舊業的衝動，我開始搶劫毒販（也開始吸毒）、從所有可以下手的對象身上偷錢，有次我還說服吉米當我的幫手，到我們家附近剛落成的公寓區樣品屋偷家具，把展示用的床墊、毛巾、藤編收納籃、碗盤、桌子、雙人沙發通通搬走。我們一共跑了八趟才把東西全部運完，而且是純手工搬運，因為我們當時沒有車。你可以想像一下那個畫面，兩個人從山上搬著偷來的家具一路往下走，但每一個路過的人都不聞也不問。

幹完這幾票後，我存到了大約一萬元，也覺得自己差不多可以放慢腳步了。沒過多久，當地的毒販紛紛討論起自己被搶的事情，並開始尋找兇手，所幸我行事相當低調，堅決不和當地毒販打交道。每當有人在派對現場向我兜售白粉，我都會騙他們，說自己「從來都不用毒品」，藉此瞞過當地毒販。

然而，我的貪欲日漸膨脹。我在當地一間餐廳找了份洗碗的工作，當然，每天都會偷拿餐廳的食物，但我更喜歡向在店內表演的魔術師下手。他的工作是炒熱現場氣氛，具體做法是請顧客掏出一張鈔票（面額不限）當賭注，賭他無法把鈔票釘在天花板上。如果鈔票沒有被釘在天花板上，顧客不僅可以拿回鈔票，還能得到等額的獎金，假設鈔票被釘在天花板上，那麼這筆錢就歸魔術師所有。

最後這些錢通通進了我的口袋，由於他很少爬上去把錢拿下來，所以天花板上釘滿了一大片鈔票（經我估算約有七千元），而每天晚上，我都會趁店裡沒人時爬上去偷走幾張。直到最後某側的天花板都被我清空時才有人發現，魔術師雖然氣到快爆血管，但也不知道究竟是誰幹的好事（他好幾年後才得知是我偷的）。

我在斯諾馬斯村的犯罪生涯，最終因平安夜的一起竊案而走到終點，那天我先是在酒吧喝得爛醉（又是南方安逸香甜酒加柳橙汁），接著跑到大街上遊蕩並闖入三間公司行竊，之後還走進我上班的建築公司，把辦公室裡的保險箱偷走（其實裡面也只有一千多塊錢）。

我把錢拿走後，便將空的保險箱隨手丟進垃圾桶，然後就回家睡覺，完全沒把這些事放在心上。

暴風雪也太大了

隔天，斯諾馬斯村當地的報紙刊登了一篇專題報導，詳細描述昨晚發生的幾起竊盜案，警方也立刻開始搜捕這位斯諾馬斯村大盜。

雖說完全沒有人懷疑到我的頭上，但由於各界都在嘗試抓住這個「神祕大盜」，我還是覺得自己的處境相當危險。

大概在同一時間，我在北伯根的一位朋友被人砍了，於是決定趕回去探望他。諾馬斯村當地有間我超想搶卻苦無機會的珠寶店，所以我便計畫趕在回澤西前再幹一票。

我有一個朋友是做電工的，他向我解釋了如何癱瘓那間珠寶店的警報系統，我打算按照他的指示闖進店裡，把能拿的東西全都搬光後一走了之。為求保險，我還會在建築公司放了一套替換用的衣服，這樣就不怕有目擊證人了。換好衣服後，我會裝作若無其事的樣子從公司走出來，把所有贓物偷渡回家。

然而，我非得拖到天空颳起暴風雪那天才展開行動，真是蠢到家了。

到了珠寶店後我才驚覺自己漏算了一顆警鈴，刺耳的聲響瞬間響起，我根本顧不上搜刮財物，只能先跑再說。逃離現場後，我按原計畫回到建築公司換衣服，接著回家休息。約莫一小時後，我聽到有人在敲我的家門。

我打開門，看見兩個條子站在門口，其中一個死死盯著我，另一個則把手交叉放在胸前，並開口問道：「你今晚去哪裡了？」

我想都沒想便回道：「我哪裡都沒去，一直都在家裡。」接著我故意朝外頭看了一眼，用不可置信的語氣說道：「暴風雪也太大了吧。」

他看了一眼我放在門口旁沾滿雪的鞋子。

「為什麼你的鞋子上有雪？」

我謊稱自己剛剛到車上拿些東西。

他倆交換了一個眼神，此時吉米也跳出來幫我圓謊，但無論我再怎麼硬掰都掩蓋不住真相。由於我的鞋印出賣了我當晚的行蹤，所以在他們的盤問下，我和吉米終於忍不住開始互踢皮球。

幸運的是，當晚他們找不到合理的罪名逮捕我，但我很清楚自己必須立刻按計畫逃離斯諾馬斯，於是在第一時間搭飛機前往澤西市。

我的隔壁坐了一名軍人，他對我說：「媽的，好想呼幾口大麻。」

我回了一句：「我懂。」一邊拿出菸灰缸跟捲菸。

那時候飛機上是可以抽菸的，但抽大麻萬萬不可，所以當機艙內升起陣陣麻煙時，機長與空服員都開始發瘋似的尋找是誰在搞鬼，而我和那名大頭兵則把捲菸藏在兩張椅子中間，假裝自己不是罪魁禍首。

此時一名空服員直接抓起廣播器警告：「如果你再不把菸熄滅，等飛機一落地，我就會請警察把所有人都抓起來！」我倆聽到後仍忍不住竊笑。

即便機組人員都已發出最後通牒，機上的乘客依舊吵吵鬧鬧，亂成一團。

回到澤西市後，我和幾個兄弟藉著全民吸白粉的風潮連續嗨了好幾天。到了要前往機場飛回科羅拉多那一刻，我突然不想走了。我確實很喜歡在科羅拉多的生活，但我又隱約感覺自己回到斯諾馬斯村會被憋死。

我低頭再吸了幾口白粉，接著便定下決心不回科羅拉多了（至少短時間內不會）。

第十二章

自斷後路

此時的我無論看什麼東西都不順眼，
眼裡只容得下錢跟白粉。因為我的心正在慢慢死去，
所以也希望身邊所有有生命的東西都去死。
我不確定自己到底該為了什麼而活，我的人生一點價值都沒有。
我當下心想，與其活成這樣，不如死死卡快活，
並決定今天就是我的死期。

不出所料，我回到澤西市才沒幾個月就又幹起壞事。這次的受害者是我打工的酒吧，我從公司倉庫裡偷走了好幾支唐培里儂香檳王、各式各樣的伏特加，以及無數瓶蘭姆酒。但我其實不想再過這種作奸犯科的生活，所以便決定抓住眼前一個改過自新的機會（或者說最後的掙扎）。

羅道夫（Rodolpho）是老媽的好朋友，有天他輾轉聯絡到我，問我想不想跟他一起回邁阿密生活。在我還小的時候，我們兩家其實走得蠻近的，我們每年都會到羅道夫家過暑假。我二話不說就接受了羅道夫的提議，當時他也才剛出獄沒多久，所以我心想他們家應該不會有什麼不良的誘惑，可以當成我重新出發的起點。

抵達邁阿密的第二天晚上，羅道夫便對我說：「你還記得穆聶柯（Muneco）嗎？他說他想見你一面。」

羅道夫開車載我到穆聶柯經營的「家具店」，他一看見我就立刻把我抱住，還塞了幾張百元大鈔給我。

他說：「我想請你幫個忙。是這樣的，帕勒賽社區那裡住著一個有錢的女人，我兒子在她的教唆下染上毒癮，最後用藥過量暴斃，你能不能幫我聯絡你的義大利朋友處理一下這件事？」

原來穆聶柯一直以為老媽跟道上的兄弟有聯繫，我想這些年來，老媽應該跟他說了不少卡爾麥的事跡，才會讓他誤會。

我向他解釋我們根本不認識道上的人，接著他便開始跟我討論販毒的事情，問我要不要從他這裡買一些古柯鹼回澤西市賣，再把賺到的錢帶回來，並從中拿取佣金。由於販毒是我的拿手絕活，所以我立刻就答應了。

我開始從穆聶柯這裡用低價買入白粉，再用高價在澤西市販售，我記得我大約跑了五趟，每趟差不多都能拿到一萬元抽成。但我在跑第六趟時卻出了大包，我把向穆聶柯買來的古柯鹼全都用光了！也就是說，我這次回去後根本沒錢可以給穆聶柯。

最後我夾著尾巴回到邁阿密，一回到家就看見羅道夫的太太薇薇安（Vivian）站在門口等我，準備跟我攤牌。

她說：「你以為我是白痴嗎？我用屁股想都知道你在幫人販毒，我老公才剛出獄沒多久，我絕不允許有人在這個家裡搞非法的勾當。」

我當下知道自己這次真的搞砸了，便對她說：「對不起，我真的錯了，我不會再販毒了。你們現在就像是我的家人，這是老媽死後我第一次感覺到家的溫暖，我真的需要有一個家。」

她連想都沒想就對我說：「把你的東西收拾一下，我們不能再收留你了。」

我哭了、她哭了，羅道夫也哭了，但我們三人內心都知道我非走不可。我真的很難過，因為我又再一次自斷後路，親手把對我最重要的人推開。

只剩我在原地踏步

雖然我被羅道夫一家人掃地出門，但穆聶柯卻相當寬容，完全沒有和我計較我欠他的錢。最後我又拖著行李箱孤身一人回到澤西市，但我很清楚，如果正式搬回澤西，一定又會惹出各種麻煩，於是我立刻打了通電話給拉薩羅舅舅，問他自己能不能搬到加州跟他們住一陣子。

他說：「當然可以，我現在就幫你買機票，你到了後我會幫你找份工作，你也可以在我的酒吧上班。喬伊，這種生活對你來說才是正確的。」

我在一九八四年秋天搭上前往加州的飛機，拉薩羅舅舅本來要到機場接我，但我卻到處都找不到他。我一直以為老媽跟拉薩羅舅舅的感情很好，她一直都很重視拉薩羅舅舅，兩人也會在對方有需要時立刻伸出援手。我還記得在老媽的喪禮上，他提出要我立刻（或是將來）搬過去和他們一起住時，臉上的表情有多興奮，所以當他突然搞失蹤又不接我電話的時候，我其實有點驚訝，也有點不爽。

在機場苦等了好幾個小時，且身上只剩四十元的我決定找一臺願意打折載我到拉薩羅舅舅酒吧的計程車。下車後，我發現酒吧還沒開始營業，於是便站在原地像個白痴一樣等他出現，身上的錢已經全部花光，就連早餐都買不起。

我一直等到下午四點，才看見拉薩羅舅舅的身影。

「你怎麼沒來接我？」我用疑惑的語氣問道。

他沒好氣的說：「我他媽又不是你的保母。」一邊說一把將我推開，並用鑰匙打開酒吧大門。他接著說：「酒吧樓上有一個房間，還有洗澡的地方，你可以在這裡住幾天，但千萬別想給我賴在這裡，你馬上去給我找份工作。」

我面無表情的和他一起走進酒吧。

他一邊走一邊說：「你老媽沒把你教好，她自己也不是什麼好東西。你知道嗎？她死後FBI有來找過我，問了我一堆她非法簽賭的事，我可不想跟這些事情扯上關係。」

我之前從沒聽說過這些事情，便默不作聲，任由他責備。

忍了幾分鐘後，我終於怒了，於是便開口還擊：「所以老媽以前這些年來一直寄錢幫你時，這些問題你都可以忍，但現在就不能忍了是嗎？還有，為什麼你要等到現在才跟我講這些事情？」

我一把將他推開，逕自走上樓梯，想看看我接下來幾天的棲身之所，赫然發現床上居然有老鼠，在這種地方過夜我不如去睡馬路算了。

那天晚上，拉薩羅舅舅在酒吧裡又跟我說了一堆幹話。

「我是不會給你錢買大麻的，只會支付你接下來幾天的基本生活開銷，然後你就要靠自己了。」

他一邊說，一邊將一沓報紙遞給我。

「你自己看看上面的招工廣告。」

我問道：「我可以在這裡工作嗎？」

「你有在酒吧工作的經驗嗎？」

「有。」

他思考片刻後回答我：「好吧……你禮拜三開始上班，先看看你的表現。我會給你一段試用期。」

在酒吧工作的這幾天，拉薩羅舅舅罵我的嘴一秒鐘都沒停下來過。

一天晚上，他故意朝我大聲吼道：「你身上流著殺人犯的血，妳老媽殺了強姦小妹的男人，你最後一定也會變成和她一樣的殺人犯。」

我怎麼都想不通為何拉薩羅舅舅會變得這麼冷陌，後來決定不再隱忍，並開始計畫要把這個老王八蛋酒吧裡的錢偷光。我將顧客付給我的現金藏在襪子、內褲裡，以及吧檯後方牆上的裂縫。

下一步就是捲款逃離這個鬼地方，前往橘郡或其他地方。我只花了幾天就偷到大約一千四百元，這些錢也足夠應付我的逃亡計畫，於是在某天酒吧打烊後，我偷偷收拾好行李，並走到樓下準備把塞在牆縫的錢挖出來。突然間，我發現拉薩羅舅舅站在吧檯前等我。

他怒氣沖沖的說道：「小兔崽子，你不知道我一直都在監視你嗎？你不只是個殺人犯，還是個下賤的小偷，拿著你的東西給我滾出去。」

我的眼淚立刻流了出來，情緒也開始失控（你應該也看出來了，我其實是一個敏感型硬漢）。

我說：「我不知道你讓我過來到底是想幹麼？你這樣對待自己的外甥對嗎？打從我一到這裡，你就處處刁難我。」

此時拉薩羅舅舅從口袋掏出一把槍指著我（我永遠都不會忘記這個畫面），而我也拿出自己的槍瞄準他。

我們舅甥倆就這樣舉著槍，一言不發的對峙了好長一段時間。

最後他狠狠的說道：「我就知道你是個殺人犯，有本事扣扳機啊。」

我說：「我不想開槍，我只想離開這裡，從此跟你老死不相往來。」

我內心既憤怒又難過，我緩緩退到門口，舉著的槍一刻也沒放下（拉薩羅舅舅也一直舉著槍），接著便坐上一輛計程車離開現場。當計程車越開越遠，我的五臟六腑也開始翻湧個不停。

我對自己說：「我真的只剩自己了，現在就連家人都不要我了。」

我本想用這幾天偷來的一張信用卡買機票回北伯根，無奈失主已經把卡片報失，所以我只能用從酒吧偷到的現金買了張回家的機票。就這樣，我繞了一圈又回到北伯根，不僅身上一毛錢都沒有，也無家可歸。

我的兄弟雖然跟我感情很好，但他們也漸漸對我失去耐心，認為我只是一臺麻煩製造機；我騙過的人、警察，還有各路人馬一直都在找我，他們也已經懶得再替我圓謊了。我有很多朋友都不想再過這種不務正業的生活了，所以現在只剩我一個人在原地踏步。

不如死一死

從加州回來後沒多久，某天我在路上遇見了我的教父蓋比。

他問我：「你怎麼沒穿外套，現在可是冬天啊，我的媽呀。」

我回道：「我沒有外套，我現在什麼都沒有了。」

蓋比帶我去買了一件厚外套，在聽說我現在無家可歸後，他表示自己也愛莫能助。

蓋比解釋道：「我老婆不喜歡我帶人回家寄宿。」

「不過我有個法子可以讓你快速賺到一些現金，這樣你就可以找個地方住了。我不知道你有沒有在吸白粉，我手上有一些貨打算銷掉，就是不知道你願不願意幫忙。」

「當然願意啊……我自己是沒有在碰啦，但我朋友會用，所以一定賣得掉。」我說謊了，其實我自己就是條大毒蟲，不過蓋比又怎麼會知道呢？

接下來三個禮拜，我每天都在幫蓋比賣白粉，並在不同的朋友家輪流借宿。我最後一次去找蓋比拿貨時，他給了我整整一百一十五克，但我拿到東西後並沒有按約定幫他賣掉，而是跟朋友一起用光。從那天之後，我再也沒有回去找過蓋比。

就在我覺得這件事就快要過去時，有天我走在路上要去買三明治，後方突然傳來重機引擎的聲音，我轉頭一看，發現騎車的人正是蓋比。

「他媽的，喬伊，老子的錢呢？」

我當下完全不知道該怎麼做，於是拔腿就跑。我繞到一間教堂後方，再從那裡的玫瑰叢鑽出來，搞得全身都被刺紮傷，接著一路跑進熟食店內，故作鎮定的向店員點了一份三明治。三分鐘後，蓋比推開熟食店的大門，舉著槍走進來對著我咆哮。我衝進他們的辦公室，拜託他們幫我報警，並告訴他們除非警察來了，否則自己絕對不會踏出辦公室半步。

警察一抵達現場就把蓋比從店裡攆出去，但我覺得自己總有一天還是會被他逮到。然而，蓋比現在已經跟我把話說開了，基本上當年被我弄過的人絕大多數都原諒我了。

我覺得根本沒幾個人在乎我的死活，當時我常去的一間酒吧叫做「老喬與瑪莉」，我記得裡面的一個酒保只要一看到我就會露出同情的眼神。

有天我對她說：「我覺得我媽不是死於心臟病，而是因為她的心碎了。」說完這句話後我一口將杯中的啤酒喝完，並說：「媽的，隨便啦。幫我弄一杯南方安逸加柳橙汁好嗎？」

她說當然可以，接著轉過身去調酒，並一邊轉過頭跟我說話：「我想你媽可能真的是因為太傷心而去世，我懂這種感覺。」

我說：「她生前最後那段時間每天都是一副愁眉不展的樣子，我也不是真的放不下，只是……」

我接過調酒，猛灌了一大口。

她問我：「可可，你今晚有地方睡覺嗎？」其實她很清楚我現在居無定所。

我用手背抹了抹嘴，答道：「有，現在有地方住。」

其實我根本無處可去，而也是在這段時間，我開始以舊家附近公園裡的火箭遊樂設施為家。當你沒在火箭裡看到我，就代表我正在好友家巡迴借宿；有時可以像人一樣睡在屋子裡（沙發上或床），有時則是和動物一樣，在院子裡的椅子上將就過一晚。

現在的我無論在什麼地方過夜，基本上都不會有人多看我一眼，但每天早上當我在公園和一群小孩排隊使用飲水機時，總是會顯得格外引人側目。這群小鬼雖然只有五歲，但攻擊力卻超強，我經常被他們折磨到舉白旗投降。

我每天都會前往酒吧門口等著解任務，有時候是賣白粉、有時是搬貨，或是到附近的中學兜售安眠酮[1]，我來者不拒，不管什麼任務都接。

此時的我無論看什麼東西都不順眼，眼裡只容得下錢跟白粉。假設我在人行道上看見一隻蟲子，一定會一腳把牠踩爛；如果我在開車時看見可愛的兔兔，也一定會毫不猶豫輾爆牠。**因為我的心正在慢慢死去，所以也希望身邊所有有生命的東西都去死**。那時候的我身材其實還算不錯，也算是個肌肉男，但我的心早已破裂成無數碎片，再也無法恢復原狀。

你想戒掉嗎？

我不確定自己到底該為了什麼而活，我的人生一點價值都沒有，有天我在朋友家倉庫的床墊上醒來，這種感覺突然變得異常強烈。

那天早上我一醒來，就看到眼前有坨超大的狗屎，我當下心想與其活成這樣，不如死死卡快活，並決定今天就是我的死期。我的計畫是先嗑幾顆藥，再把自己灌醉，然後跳下喬治．華盛頓大橋讓自己徹底解脫。後來又覺得跳橋其實挺可怕的，不如瘋狂吸白粉把自己嗨死算了。

雖然大家都已經知道我是個搶劫藥頭的慣犯，但那年（感恩節左右）還是有個叫喬爾（Joel）的傢伙問我願不願意幫他賣白粉，但前提是我必須先給他現金。我們的交易方式如下：他一次會給我三．五公克的白粉，我先付現金給他，等賣完後再跟他買下一批貨。

某天晚上，我站在一間酒吧門口，突然一輛車子停在我面前，車窗搖下後，我發現駕駛居然是我以前的老師特拉諾瓦先生（Mr. Terranova，簡稱「T先生」）。T先生人還蠻好的，他在學校教的是社會學，也是校內的體育教練，同時還是戒毒成功的楷模人士。

他看了看我後問道：「嘿，可可，你最近還好嗎？我覺得你的狀態看起來有點糟。」

我一邊猶豫要不要告訴他我的真實近況，一邊回答：「還不錯啊。」

他說：「但你看來不太OK，是因為毒品嗎？」

我反問他：「你是不是想要什麼東西？」

「不是……我是想問你是不是在吸毒？」

我不知道該跟他透露幾分實話，但從他的表情看來，無論我說或不說，他都已經知道真相了。

我說：「有在盡量不碰了啦。」

1　譯按：鎮靜用藥物，臺灣俗稱白板。

T先生先是把車停好，然後下車朝我走來並抱了我一下。

他對我說：「孩子，我知道你其實過得不好。」他說完這句話後便後退一步，從頭到腳仔細端詳了我一番，接著搖頭說道：「我想幫你，我有個朋友開了間戒毒中心，我可以送你進去接受治療。你覺得如何？你想戒掉嗎？」

我整個人都傻了，T先生簡直就是我的救星。其實我心裡很清楚，如果我還想活下去，就一定要把毒癮給戒了。

我回答：「好，就這樣說定了。」

我抄下T先生的電話號碼，並承諾自己明年元旦會打電話給他。我之所以把時間定在明年，是因為**我還想再狂歡幾天並賺點錢**，而跨年夜絕對是跑趴跟賺錢的最佳時機！T先生對此沒有什麼意見，並表示無論我那天人在哪裡，他都會接我前往戒毒中心。

我知道喬爾跨年夜已經有安排活動了，所以必須靠我撐起當天的銷售業績。我看準了這一點，告訴他自己身上沒這麼多現金付貨款，並表示如果他能多給我二十八克，自己那天一定會幫他把貨銷光，讓他海賺一筆。他接受了我的提議，我覺得他根本就是白痴。

喬爾說他元旦當天就會來跟我收錢，而我也計畫好要趕在他來找我前溜之大吉。跨年夜那天，我靠賣粉賺了大約兩千元，然後把剩下的一些自己用掉，最後找了間一晚二十八元的廉價旅館過夜。醒來之後，我本還在想著自己能在喬爾找上門前離開這裡，可等我打開窗戶一看，赫然發現馬路上全是積雪，厚度至少有三十公分。

我在心中大罵了一聲「幹」，接著立刻衝到旅館的電話旁撥通T先生的號碼。電話接通後，我先是說道：「T先生，外面積雪也太厚了吧！」接著又告訴他我現在人在哪裡，並問：「你什麼時候可以來接我？」

他說：「我必須先把車子附近的雪鏟一鏟，大約一個半小時後可以到那裡接你。」

掛上電話後，我伸手摸了摸自己燒得發燙的額頭；現在的我不僅生病了，還要擔心喬爾會先找到我。我可沒打算給那個爛人半毛錢。我把行李收拾好，吃了幾顆藥，接著死死盯著窗戶，在心中倒數T先生抵達的時間，就像等待聖雞巴誕老人來送禮物的小孩。

過了約三十分鐘，電話響了，是喬爾打來的，所以現在就看誰會先抵達旅館了。他在電話那頭冷冷的說道：「可可老弟，我猜你應該會在這間破旅館過夜，我一個小時後就會過去收錢。」

掛上電話後，我又大罵了一聲「幹」，霎時全身直冒冷汗。

現在只能祈禱T先生能趕在喬爾之前抵達飯店，我一把拎起地上的藍色軍用行李袋（我全身的家當都在裡面了），走到旅館大廳觀察停車場的動靜。終於，T先生的凱迪拉克緩緩駛進停車場，我看見後立刻衝了過去，打開車門，連人帶包坐上副駕座，催促他趕緊開車，而且越快越好。

就在我們開出停車場的瞬間，我瞥見喬爾的車子從對向開了進來，他真是個白痴，根本不知道我已經上了T先生車準備華麗退場；包包裡裝著他的錢，鼻腔裡還殘留著他給我的白粉。我刻意把頭壓低，並叫T先生繼續開，不要停。

等開了約一．五公里，且我也確定喬爾看不見我們後，我崩潰了，並開始向T先生傾訴這一年來的遭遇。我告訴他**我覺得自己這輩子徹底毀了，生活也失去意義，而我卻選擇袖手旁觀，任由事態繼續惡化**。在宣洩情緒的同時，我感覺到自己就連呼吸都有點困難。

他安慰我：「孩子，沒事的，我懂這種感覺，你吃了很多苦，但相信我，還是有人願意關心你、幫助你。」

一直到很多年後，我才發現T先生說的是真的，我當時只是不願相信事實而已。

我們先回到T先生家，他打了幾通電話，確認戒毒中心的床位狀況。

T先生掛上電話後我開口問道：「他們說什麼？我今天可以住進去嗎？」

「他們目前還沒有空床，我家有一間空房，要不你先在這裡睡一、兩天，再看看狀況如何。」

我跟著T先生走進房間，此時大約是下午五點，我一爬上床就立刻昏睡過去，一直到隔天早上十一點才醒來，然後又昏昏沉沉的睡著。接下來四天，我絕大多數時間都是在夢中度過。

由於戒毒中心不斷給出「預約已滿」的答覆，T先生便決定讓我在他家戒毒。我一直在T先生家住到二月底，期間只有幾個人知道我的行蹤；這樣正合我意，因為我可以徹底消失在眾人的視線裡。我這兩個月完全沒碰白粉，也沒喝半口酒，但還是會呼麻（因為大麻不算毒品）。在我看來，T先生徹底改變了我的人生，他是我唯一沒有親手切斷的退路。

雖然我在T先生這裡過著安分守己的生活，也努力重拾生活的碎片，但北伯根的居民還是沒有忘記我那狼藉的名聲。有天我在T先生家接到某個兄弟打來的電話，他說：「可可，瓊安家遭小偷了，她媽覺得是你幹的，真的是你做的嗎？」

不是我，我已經有好幾個禮拜沒回北伯根了，但朋友的質疑還是讓我感到一陣心酸。其實我不是真的怪他們把矛頭指向我，畢竟我可能是最合理的嫌疑人，但這件事情確實讓我意識到另一件更重要的事，那就是我得繼續保持低調。

關關難過關關過

為了賺取生活費，我在T先生家附近的酒行找了份工作，並租了間雅房（房東太太的兒子經常會來跟我一起呼麻）。有天晚上，他指了指自己脖子上的金項鍊，問我想不想買，我用四十元跟他收下這條項鍊，接著拿到市裡用兩百元的價格脫手，大賺了一筆。

幾天後，正當我在房間裡用偷來的音響聽著音樂時，幾名警察按響了我家的門鈴，要以持有贓物罪逮捕我。

原來那條臭毒蟲的金項鍊是從他老媽那邊偷來的，沒多久警方就在市區尋獲失竊的項鍊，並根據線索查到賣家是我。警察一邊把我押上車，一邊跟我說柏根郡警局也對我發布了通緝令，理由同樣也是持有贓物（我前幾年犯的案子），看來這次是在劫難逃了。

押送我去看守所的警察人還不錯，他告訴我賣項鍊給我的那個廢物是當地知名慣竊，接著帶我到中餐廳吃了頓大餐。一抵達看守所，我就被帶到法官面前，肚子裡的蛋捲都還沒來得及消化，等所有手續都跑完後，我在晚上十一點被放出來，只收到一張罰單以示懲戒。

此時，我突然想到自己又無家可歸了，因為房東太太不可能再讓我住進去，我便打電話向我的兄弟喬治（George）求助，他也同意讓我在他家（位於克利夫賽德帕克區）借宿一陣子。

由於我大部分的開銷都是透過偷來的信用卡支付，所以很快就存到了一筆小錢，但我的計畫是要在賺到更多錢後回科羅拉多州生活。這次我的目標是科羅拉多州泉市，因為這裡是當時全國成長速度最快的城市。

好巧不巧，此時我突然收到一個好消息，就是我之前參與的保險詐騙案終於有下文了，我可以領到一張一萬八千元的支票。支票兌現後，我便立刻準備出發前往科羅拉多。

兩天後，我帶著行李（之前那個藍色軍用行李袋，外加一個裝滿贓物的新旅行袋）站在哈德遜郡立公園內的白城堡速食店門口等公車，準備前往紐瓦克機場，猛然聽到後方傳來重機引擎運轉的聲音。

我心想：「不會這麼巧吧」，並慢慢轉過頭。

就是那麼巧，來人正是蓋比。他把車徑直騎進速食店前的空地，接著在我面前停下。

他拉開重機口罩說道：「喬伊，你欠我的錢還沒還。如果你忘了的話，我可以提醒你，一共是七千塊錢。」

我說：「靠，蓋比，對不起。是這樣的，我過去幾個月碰上很多問題，真的很對不起，我是說……」

不等我把話說完，他便吼道：「你這禮拜如果不把錢還我，我他媽就一槍斃了你。」

我在後方一臉驚訝的看著他騎車揚長而去，想說難道他不知道我帶著行李站在公車站，就是要離開這裡嗎？總而言之，這次我又僥倖逃過一劫了，而這也是我這輩子最後一次見到蓋比。幹，真爽。

第十三章

古柯鹼大反撲

經過一段覺得自己超大尾、超屌的時期後，
我發現自己被條子盯上了，也確信他們總有一天會逮到我。
就在此時，古柯鹼也撕下爽嗨的面具，露出可怖的真面目；
就好像前一晚大家還在其樂融融的吸粉，
但隔天古柯鹼老兄就立刻變臉，露出底牌。

我搭乘國民快運航空（People Express）飛往科羅拉多泉市，但和我同機的一個男人告訴我，博爾德市更適合我，於是我便接受了他的建議，改前往博爾德市，並在那裡認識了凱西（Kathy）。

凱西就是白人女性版的王子（Prince）[1]，她留著一頭酷似女演員潔美・李・寇蒂斯（Jamie Lee Curtis）的俐落短髮，搭配金黃的髮色和碧藍的瞳孔。凱西身材火辣、面容姣好、身高適中（約一百六十八公分），給人的感覺就像是個愛玩滑板的鄰家女孩。我剛認識凱西時，她除了甜美可愛，還帶點天真（但幾年後我恨不得親手掐死她）。

我在一九八五年認識凱西並對她一見鍾情（我以為那種感覺就是愛），那年我剛滿二十二歲。凱西是我在博爾德市的鄰居（她住我家樓下），雖然她和朋友們每天都把音響開到最大，搞得我好幾次都想衝下樓叫他們把音樂關掉，但都一直沒有膽子付諸行動。

在一次偶然的機會下，我們終於和對方說上話，並一拍即合，成為形影不離的朋友。當時的我是個毫無前途可言的魯蛇，而且又開始碰古柯鹼，但她似乎不覺得這是什麼問題。我們一開始的關係只是酒肉朋友，所以她並不介意我是個爛人。

凱西廚藝精湛，這對當時窮到快被鬼抓走的我是一大福音，因為我們可以在家吃她烹

1 編按：一九八〇年代美國流行樂代表人物。

調的各種美食——她做的水牛城雞翅真的爆幹好吃。即便偶爾想外出吃大餐，我也能用偷來的信用卡（來源：博爾德市當地的購物中心）付款，所以她從來不曾懷疑我是個窮鬼。我當年認識的凱西是個酷妹，無論我想做什麼，**她都會第一個舉雙手支持**。

那段期間我突然喜歡上打扮自己，總是會買一些要價不菲的衣服和鞋子（用的當然也是偷來的信用卡），由於我太常在購物中心出沒，索性直接在裡面的運動服飾專賣店 Foot Locker 找了份工作。某天上班時，我看見有一家人走進店裡，包包裡裝著一大疊用紙袋裝著的現金，我當下就決定一定要把這袋錢弄到手……而我也確實成功了。

警察趕到商場後很快就將我列成嫌疑犯，但我還是能糊弄過去。然而，當他們說我挺像他們最近在追捕的盜刷犯時，事態瞬變瞬間升級為紅色警報。隔天警察敲響了我公寓的大門，想查查我是否就是那個用偷來的信用卡，在商場附近刷了四萬元的罪犯，我當下就知道自己死定了，而且必須盡快逃離博爾德市。

亡命鴛鴦

我沒想到當自己把這件事告訴凱西時，她居然會是一副無所謂的態度，還表示自己想跟我亡命天涯。我最後決定要逃到舊金山，並在週日晚上告訴她我們的目的地，接著搭上週一一早的班機逃離科羅拉多州。我們當時的想法是先跑再說，所以完全沒有告訴凱西的父母。最後凱西打了通電話告訴他們自己跟我私奔了，兩老聽到後差點沒氣死，不過天高皇帝遠，這件事等我們將來搬回去了再面對就好。

我們在舊金山也沒待太久，幹了好幾起案子後（用飯店的萬能房卡闖進住客房間偷東西、向遊客販售假的旅行支票、偷走銀行運鈔袋、趁面試之便偷走餐廳保險箱的現金……族繁不及備載），不得不再尋覓下一個落腳的地點。

我再次聯繫上吉米・伯克，得知他還住在斯諾馬斯村，現在正在幫某個豪宅主人看家。他說我們可以過去投靠他，於是我和凱西就出發了。吉米沒唬爛，這棟房子真的是座百萬豪宅，光是起居室就和大多數家庭的後院一樣大。

才剛回科羅拉多沒幾天，吉米就告訴我一個天大的好消息，他說他要和女友搬回澤西市定居，希望我能接手看家的工作。這根本就是夢幻工作啊，我跟凱西基本上什麼都不用做，只須住在豪宅車庫樓上的公寓裡就好。根據合約，我們不能進入主建築，但我要是真的想進去，又有誰擋得住我。

我跟凱西都在當地找了份工作，我是克瑞斯伍德公寓大樓的警衛，凱西則在餐廳擔任服務生。我倆就像一般情侶那樣，過著幸福甜蜜的生活，我也戒掉了吸粉的惡習（真的），甚至還養了一條德國牧羊犬，取名叫大力士（Hercules）。

這時的我根本沒想過要再幹什麼壞事，有了女友跟狗狗的陪伴，又有一個舒適的棲身之所，我覺得自己好……正常。除此之外，斯諾馬斯村的居民的記性似乎不太好，他們好像已經徹底忘記並原諒我之前幹過的壞事了。

事情剛開始都很順利

我只能說**我是狗改不了吃屎**，在這裡住了幾個月後，某天我突然接到一通電話，是我一個兄弟從澤西市打來的。

他問我：「你們那邊白粉怎麼賣？」

我說：「說真的，我已經有一年多沒用東西了，我最近一次用是在跨年夜那天，不過我可以幫你問問。」

經過一番打聽，我發現目前的市場價是二十八克一千八百塊，於是便把這個數字轉告給我的朋友。

他聽完之後問我：「我明天可以去找你嗎？我想給你看樣東西。」

隔天他把一大袋白粉甩在我面前。

他說：「我可以用每二十八克八百塊的價格把這一整袋賣給你。還可以教你怎麼煮白粉，這樣東西就會看起來像剛做出來的一樣，價錢也能翻倍。」

我毫不遲疑，立刻說好。

我跟他買了一百七十克，不僅立刻就賣光，自己也偷用了一些，而在我破戒的那一瞬間，我立刻就上癮了。我開始頻繁往返於斯諾馬斯與澤西運毒跟販毒，跟以前一樣，事情剛開始時都進行得很順利。

除了賣白粉，我還開始在兩地買賣其他違禁品。有天晚上我坐在家裡看《邁阿密風雲》（*Miami Vice*），腦中突然閃過一個念頭，覺得自己非買把新槍不可，我想要一把和主角桑尼·克羅克特（Sonny Crockett）一樣酷的配槍。探聽過後，我發現在科羅拉多買槍比在澤西買槍簡單一百倍，便立刻抓住這個商機，開始在澤西販售槍枝。

每當我要搭飛機回澤西時，都會在行李箱裝八、九把槍，有時也會帶一些子彈回去，接著再用衣服遮住槍，等確認不會露出馬腳後，便前往下一站紐瓦克機場。下飛機後，我會搭上朋友的車回到北伯根，先吃一頓他老媽親手做的義大利麵和肉丸，然後外出賣貨。

那年夏天尾聲（此時我已經跟凱西在斯諾馬斯村住了好幾個月），我接到一通當地人士打來的電話，他說我跑單幫的行為已將惹火了很多人，他們認為自己的白粉生意大不如前，說我這樣是在擾亂市場。

對方要求我跟這些人見一面，我也如約前往，接著又應他們的要求，坐上車去到另一個地方談判。誰想到上車後，這幫人居然拿出一個紙袋我套在頭上。

其中一人說道：「我們不能讓你知道談判的地點在哪裡。」

開了約三十分鐘後，他們把車停在路邊，並帶我進入一棟屋子，最後才將紙袋從我頭上拿開。

幫我取下紙袋的人一邊笑一邊說：「兄弟，抱歉了，我們不是故意要嚇你的。是這樣的，我覺得與其兩邊打起來，不如合作把生意搞大，你覺得如何？」

說真的，當時我光靠跑單幫賣白粉和槍枝，只用了幾個月就賺到八萬塊。但我心裡也很清楚，這些錢來得有多快，去得就有多快，就像以前一樣，不過我現在真的可以說是躺著爽賺。

我反問：「怎麼個合作法？你們三十二克白粉要賣一千八，我根本付不起這個錢。」

「價錢可以再談，這你不用擔心。」

我告訴他們給我一點時間考慮，再經過一番斟酌後，我心想：「管他的，跟他們合作也不是不行，就試看看吧。」

表面上我跟他們合作，但私底下還是會偷偷往返澤西買賣貨物。托他們的福，我賺進了大把鈔票，並將這些錢全都藏在床底下的鞋盒裡。

我按照這些地頭蛇的指示，加入了斯諾馬斯俱樂部（當地高級高爾夫／水療與健身中心），並在裡面交易毒品。俱樂部健身房的接待小姐是我們的人，我只需要在櫃檯把貨款給她，等運動結束後，就能在自己的置物櫃拿到（販售用的）白粉。

古柯鹼老兄變臉了

毒品用得越多，睡覺的時間就越少，精神狀況自然變得很差。我開始出現一些奇怪的想法，覺得自己現在是全國最大尾的藥頭，並做出一些超瞎的行為。

我研發了一款叫火箭筒的白粉菸，製作方式是往咖啡杯裡倒入約七．五公分高的水、加入一克白粉跟〇．三克小蘇打粉，接著將杯子放進微波爐轉三十秒，最後再把結塊的白粉摻入大麻捲菸或香菸裡抽。

如果我們（我跟幾個兄弟）手邊剛好沒有大麻菸或香菸，就會直接把結晶放進水菸斗裡抽。我記得有天晚上我們在嗨的時候用得太兇，把水菸斗都給燒融化了，真的是有夠誇張。那段時間我們的主題曲是〈加州旅館〉（*Hotel California*），一直到現在，每當我聽到這首歌，腦中都會閃過各種荒唐的回憶畫面。

經過一段覺得自己超大尾、超屌的時期後，我發現自己被條子盯上了，也**確信他們總有一天會逮到我**。與此同時，我的錢也開始快速蒸發，賺錢的速度根本追不上花錢。後來我再也不回澤西賣槍跟進粉，荷包也瞬間扁掉。有天我本想從鞋盒裡拿些錢出來用，豈料一打開卻發現裡面半毛錢都沒有，而我當下也立刻被打回原形，所有自以為是的幻想都在瞬間破滅。

就在此時，古柯鹼也撕下爽嗨的面具，露出可怖的真面目；就好像前一晚大家還在其樂融融的吸粉，但隔天古柯鹼老兄就立刻變臉，露出底牌。除此之外，由於這段時間用量太大，我開始看見幻覺。

我覺得路上每個人都是要來抓我的，也堅信警察無時無刻都在監視我，沒過多久，我就開始四處窺探，想找出那些根本就不存在的人。

因為害怕被搶，我會把白粉跟錢藏在各種地方；我甚至還開始自欺欺人，騙自己胡安在老媽死後繼承了一大筆錢，而且還會分五十萬給我，而我將會移民到歐洲生活之類的。我當時是真心覺得自己會拿到這筆錢，這些年來我一直對這個謊言深信不疑，古柯鹼則讓這件變得更真實。想也知道，這筆錢根本就不存在。

我有一個算是半個常客的顧客，他每次都會要求我在奇怪的地方交易，我不是很喜歡這樣，也完全不信任這個爛人。

某天晚上，他一把將我推開，並說：「大哥，你不要每次都抱我好嗎？」媽的，我之所以會一直抱他，其實只是要確認他身上沒有帶錄音器。

有次他提出下次要在我家交易，而且是我家外面，這項要求讓我腦中警鈴大作。於是我當天特地喬裝了一番，穿上其他人的外套、帽子、球鞋，完全沒想到如果真的有人在監視我們，把交易地點安排在我家就是最大的把柄。

他抵達我家門口，我要求他把車開進車庫。坐上他的車子後，我告訴他先在附近繞一繞做做樣子，等他再次開回我家時，我看見大約離我家約八十公尺處的一棟房子外停了幾輛警車，還看見有個人拿著望遠鏡站在那裡。

我就知道他們在監視我！他們不一定會在今晚動手逮人，但最後一定會抓到我。操，我就知道！

我得趕緊制定逃亡計畫，而我唯一的選項就是籌錢（不管用什麼方法都好），然後趕緊逃離斯諾馬斯。我算了一下自己當下的財務狀況，粗估自己一共欠了約八萬到十萬（債主共計三人）的外債，假設我能順利逃出斯諾馬斯，那這些錢就會自動變成呆帳。

此時我和凱西的關係也陷入僵局，她已經漸漸受不了我幹的一大堆屁事。上個月凱西飛回丹佛參加弟弟的婚禮，我本來已經說好了自己會搭飛機去和她會合，但我最後因為只顧著嗨而爽約。

原本我訂的班機是星期六早上，好死不死週五晚上拿到一批超純的白粉，結果忍不住自己先用了一些，最後跟兄弟們瘋狂嗨了一整晚。雖然我及時把機票改成週六下午，但還是因為太ㄎㄧㄤ而錯過班機。

散場後，整個家只剩我一個人不停疑神疑鬼的朝窗戶外望去，覺得有人在監視我。我將剩下的白粉藏在水槽，如果警察找上門來，我就可以打開鐵胃廚餘機把東西銷毀，這樣他們就什麼都找不到，只會發現家裡有個瘋瘋癲癲的神經病。

我拿著把手槍在家中四處走動，檢查各個角落，也不肯讓可憐的大力士到外面透氣，（因為我完全不想開門），逼得牠只能在走廊大小便。週六晚上約十一點半時，我聽到房子裡傳來一些怪聲音，於是打電話報警。警察抵達我家後，我可以清楚感覺到他們在看我的笑話。

當我還在擔心他們會不會檢查我的水槽，以及他們究竟是來抓我或保護我時，他們突然開口說：「狄亞茲先生，你家沒有被闖入的痕跡，我們覺得沒什麼好擔心的……」

「我說真的，剛剛我家真的有人。」但他們確實沒發現什麼，最後便悻悻然離開了。

當天晚上我又打了通電話到警局，這次他們帶了第三個人來，並把我家外圍巡視了一遍，其實我這樣做基本上等於自爆吸毒。

第三名警察對我說：「不要再吸了，你已經開始產生幻覺了。」

他的話讓我變更疑神疑鬼，於是問道：「你說這話是什麼意思？」

「先生，你現在很嗨，我們都知道。我建議你好好睡一覺，別再報警了，聽到了嗎？

我們不會再來這裡第三次。」

他們走後，我發現屋子裡某個上鎖的衣櫥附近有一些腳印，而且很確定絕對不是我或那幾個警察的，最後我決定把所有白粉沖掉，並把剩下的一些渣渣舔掉。

雖然我錯過了凱西弟弟的婚禮，但她還是愛我的，所以暫時願意等我恢復正常。然而，一個月後我依舊過得一塌糊塗，眼看感恩節就快到了，我心想自己必須趕緊想個解套的方法，便決定辦場感恩節蘗頭派對，這樣大家才不會覺得我有問題。我到附近的超市買了一隻大火雞，還有好幾塊牛排，雖然身上沒錢，但由於我的言行舉止特別張狂，所以大家都誤以為我是幫派分子，不敢和我收錢。

我邀請了大概八個人來家裡作客，也把當天早上要煮的食物都準備好了，但就在感恩節前一晚，我突然拿到了三十二克古柯鹼。想當然耳，我又淪陷了，一直在外面嗨到禮拜五[2]才回家。一走進家門，我就立刻看見凱西慘白的臉孔。

她說：「喬伊，這樣不行，我覺得我們必須離開這裡。」語氣中絲毫沒有憤怒的情緒。

我走過去抱了抱她，並說：「我也不想再待在這裡了。」

「我們回去吧，回博爾德市。」

2 編按：感恩節在每年十一月的第四個星期四。

我們算了算身上的錢，一共只有八塊，最後我設法借到了五千塊。此時我突然想到自己身上一點白粉都沒了，這可不行，但我根本想不出斯諾馬斯會有誰願意分一些東西給我。

我突然想起自己手上還有四百五十克大麻，雖然這批貨看起來很純，但品質卻不怎麼好，抽起來一點感覺都沒有，我心想不如趁現在脫手好了。

思考一番後，突然想到一個不錯的主意，那就是用這袋大麻去跟瑪瑞娜（Marina）換一些白粉。瑪瑞娜是當地毒品網的核心成員，是個狠角色。雖然她非常討厭我，但我還是想試一試。

我一出現在瑪瑞娜家門口，她就對我說：「除非你是來還錢的，否則你就他媽的把嘴巴閉上！怎樣，你有帶錢來嗎？」

雖然我已經借到錢了，但我並沒打算據實以報，而是告訴她：「我沒有錢……但等一下，妳聽我說，我手上有一個大客戶，他現在人不能過來。」

她什麼都沒說，只是看著我，等我給出更多資訊。

「妳能不能先給我十六克白粉，我先給妳一百塊現金跟這一整袋大麻，等我向他收到剩下的錢後再給轉交給妳。」

瑪瑞娜接過我手中的大麻並打開袋子聞了一下。

我向她保證道：「妳可以把這袋大麻留著當作抵押，等我把他的貨款交給妳後，我們就可以握手言和了。」

瑪瑞娜不知道我已經把所有家當裝上車了，凱西跟大力士也都已經整裝待發，只要一拿到白粉，我就會立刻跳上車，頭也不回的離開這裡。瑪瑞娜上當了，我一拿到東西就馬上跑回家，開車載著凱西與大力士一路向南疾駛。我當然還記得那份看家的工作，但我心想我們走了對屋主來說也是件好事，再說我現在才沒空去擔心別人的問題。

上路大約一小時後，凱西問我：「怎麼了？」

「喬伊，你還在疑神疑鬼嗎？我以為離開斯諾馬斯村你就會好了。」

我用堅定的語氣告訴她：「不是我在胡思亂想，後面那臺車從我們上路開始就一直在跟蹤我們。」

我倆觀察了一陣子後發現，只要我們停下來，後面那輛車就會停下來，只要我們轉彎，它也會著轉。它就這樣尾隨了我們約兩小時，最後我靠著幾次快速轉彎甩掉它，並堅持在下個交流道離開公路找間旅館入住。進入房間後。我吸了兩排白粉，突然覺得自己現在必須立刻馬上退房，找一間新的旅館入住，慌張的舉動引來周遭所有人側目。

我反覆追問凱西：「我們一定是被人跟蹤了，對吧？」

那天晚上，我們就這樣先後入住了三間旅館，直到最後，我終於找到一間「安全」的旅館，並在房裡把剩下的白粉全都用掉，一路精神亢奮到天空出現魚肚白。

第十四章

根據定義，我犯了綁架罪

我知道自己惹上大麻煩了，
但內心又覺得這起事件跟以前差不多，
所以倒也不是真的這麼在意。
我對待事物的思維方式還是和在紐澤西州那時一樣，
認為「自己也不是真的幹了什麼壞事」。

在我第一次出發前往博爾德市時，教母貝娃幫我算了命，並得出兩條結論：第一，不要碰古柯鹼（哈！）；第二，絕對不要（她特別強調絕對兩個字）三個人合夥做生意。事實證明，這兩件事我都沒有做到。

回到博爾德後，凱西搬回去和爸媽住在一起，謝天謝地，他們並不恨我。話雖如此，我也知道自己不可能寄住在他們家。後來我和幾個一起吸白粉的朋友租了間房子住，其中包括我在澤西市的兄弟喬治。解決完住宿問題，接下來就是收入來源。

彼得·平托（Peter Pinto）是我在澤西市的好朋友，他現在也搬到博爾德市居住，而且一直嘗試說服我跟他一起到速霸陸（SUBARU）當汽車銷售人員。

我告訴他：「我可不想當什麼白痴銷售員。」

他說：「喬伊，汽車銷售員不是什麼白痴的工作，你可以賺到超多錢。你來我們公司上班，我會負責訓練你，要是真的不喜歡這份工作，再提離職也不遲，這樣夠簡單了吧。」

最後我還是屈服了，並選在某個週六到速霸陸試做看看，沒想到當天就賣出三輛車，進帳一千元。看來我天生就是賣車的料。後來我正式加入速霸陸銷售團隊，第一個月的業績就開出紅盤，賺到超多佣金，公司還送了我一臺車。我只能說，這種每天必須穿上制服到公司報到的感覺真好。

與此同時，我也徹底解放自己的毒癮，回到博爾德市後，我每週通常都要嗨兩晚（大多是星期三跟星期六），之後變成三晚，然後再追加一晚，最後變成夜夜笙歌。博爾德的古柯鹼氾濫到一個誇張的程度，就連速霸陸銷售團隊也有一堆人在吸，之後我轉戰到隔壁的克萊斯勒（Chrysler）上班，赫然發現那裡的員工用得更兇，真是瘋了。

我那陣子活得跟喪屍一樣，每天早上到公司上班就是為了狂喝免費的汽水。此外，我還發現了一件事，那就是我們辦公室的藥頭從不把白粉帶回家，所以每天早上我都會趕在他上班前偷用他的東西，再用各種白色粉末補足重量。當大家發現我手腳不乾淨後，便將我踢回速霸陸。

一九八七年全球股災爆發（黑色星期一），買車人數銳減，我們的收入亦然，逼得我不得不另覓賺錢的機會。而機會也很聽話，居然自己找上門來。

肯特．維拉（Kent Vella）是我在速霸陸的同事，但不是很熟，後來我們都辭職了，也又重新回到速霸陸，此時我們才開始真正認識彼此。

一天早上，我看見維拉帶著瘀青的眼圈來上班，整個人看起來就像坨被砸爛的狗屎，於是開口問道：「維拉，你還好嗎？」

「不是很好，我的駕照因為酒駕被吊銷，真的超慘。對了，你可以幫我個忙，載我到酒行嗎？」

他在車上告訴我，他看起來會這麼狼狽是因為出了車禍（自撞，車爛了），並因受了輕傷而被送往醫院，不過卻在住院期間擅自下床離開醫院。

我問他：「你現在住在哪裡？需要一個落腳的地方嗎？」

他笑了笑說道：「不用啦，我現在住在兄弟家，目前過得還算不錯，每天都有用不完的白粉。」

「真的嗎？」

「他當藥頭有一陣子了……偷偷告訴你，他手上有足足兩公斤重的白粉，東西就放在他房間，但他必須趕緊賣掉。我正在思考要怎麼趁他銷完前把東西偷到手然後轉賣，再帶著錢逃到亞利桑那州，這樣不僅不用坐牢，還可以在當地另起爐灶。」

世上最蠢的人：暈船仔

由於在我眼中沒有什麼比白粉更重要，於是我便問他：「你身上現在有嗎？」

「當然有。」他伸手從口袋裡拿出一小袋白粉。

我在酒行後方的垃圾桶旁試了一下貨，發現這批白粉真的純到爆，完全超乎我的想像，簡直就是完美的教科書等級古柯鹼。我當下就決定要靠這批貨海賺一波，而且也已經想好了計畫。

我告訴他：「那個，我認識一個藥頭，只要你能拿到東西，他就會出錢跟你收。」

維拉說：「靠，真假啦？那我們趕快把東西偷出來。」

我回到公司後做的第一件事，就是打電話連繫我在北伯根的兄弟。

我說：「我跟你講，你一定不會相信，我碰上一隻大肥羊，我們這次一定可以賺爆。」

我蠢歸蠢，但膽子特別大。**我在追求一種從來都不存在的生活方式，但還是義無反顧的朝心中的目標奔去**。

他幫我出了一些主意（多一顆腦袋有益無害），告訴我必須在當地找一個接應的人，我絞盡腦汁把認識的人都想了一遍，最後決定找史提夫．提德偉爾（Steve Tidwell）幫我打下手。史提夫是我的大麻供應商，我們之前合作過一陣子，每次跟史提夫交易時，他都會把過程搞得像〇〇七電影一樣，真的蠢爆。

由於我跟史提夫會定期見面交易大麻，於是趁兩人會面時把自己的計畫告訴他。

他說：「太好了，我現在剛好需要一筆錢。你也知道我喜歡看脫衣舞，最近我認識了一個脫衣舞孃，雖然她跳的是全裸脫衣舞，但她真的是個好女孩，而且又很漂亮。」

我知道他接下來要開始說一堆暈船仔最愛講的屁話。

我用「嗯哼」作為回答。

他接著說：「我真的愛上她了，她也愛我，她現在搬來和我一起住了。我覺得我們是真愛，你信嗎？」

我還真不信。

「但她到現在都不肯跟我睡，她說她一定要先離婚才能跟我做那檔事。她是天主教徒，所以很看重這一塊。」

他說家裡的臥室現在是女友在睡，自己每晚都在沙發上過夜，還說她會把臥室的門鎖起來，但他一點都不在意。他停下來等我的回應，但我什麼都沒說。

「總而言之，她現在需要一萬塊才能跟老公離婚，我一定要幫她這個忙。等籌到現金後，我們就可以在一起了。」

我嘴上說「滿合理的」，心裡卻想著「才怪」。我才懶得管史提夫的死活，他現在明顯是被愛情沖昏頭，但只要這件事能給他夠強的動機，我自然不會有什麼意見。

我們討論的結果是把維拉帶到某處，然後把東西從他手上騙過來，只是這個「某處」到底是哪裡還得好好找找。幾天後，史提夫打了通電話給我，他說：「我媽名下有一間房子，她打算把它賣掉，現在裡面一個人都沒有，我們或許可以利用一下。」

我說：「應該可以，你想什麼時候動手？」

「禮拜二呢？」

我這陣子一直在給維拉施壓，他自己其實也很想趕緊把東西偷到並轉手賣出，這樣他就可以逃離科羅拉多這個鬼地方了。我和史提夫計畫了一番後得出的結論如下：

維拉當天要參加葬禮，結束後我會開車到他家接他，把他帶到空屋裡。史提夫扮演藥頭在裡面與我們會合，並直接掏槍出來威脅我們，接著將我倆銬在一起，然後拿走維拉的鑰匙到他家把白粉偷走。史提夫拿到東西後會回到空屋解開我們的手銬，並將維拉押上開往亞利桑拿州的公車，讓他從此消失在我們的視線中。

不要三人合夥……

計畫很簡單，史提夫只要**乖乖照做**就不會出問題。

到維拉家接他時，我特地走進公寓內部查看，以從他口中套出白粉確切的位置。他問我想不想嗨一下，我說好，於是我們便走進一間臥室。維拉取出一個研磨器，裡面有大約十五公克的古柯鹼，我們倆每人各吸了幾行。接著他還打開桌下抽屜讓我看，裡面大約還有三十二公克的貨，接著又讓我看了另一個抽屜裡的現金（大約兩千元左右）。

我說：「讚喔，你說的兩公斤貨呢？」

他指了指天花板說：「在上面。」他把假天花的頂板掀開，讓我看一眼東西的位置，接著又說：「我們晚點再回來拿，現在先拿點樣品就好。」

我們拿了一些樣品後就出發去找史提夫，到了空屋後我還演了一下戲，介紹他們認識，我說：「史提夫，這位就是肯特；肯特，他是史提夫。」

維拉握了握史提夫的手，接著說道：「幸會幸會，你應該知道我有兩公斤古柯鹼等著脫手，我可以給你優惠的價格，全拿兩萬五，這個價錢比市場價低了一萬塊。」

史提夫一句話都沒說，只是試了一下樣品，接著把袋子放進口袋裡，並迅速掏出一把槍（他真的是看了太多《邁阿密風雲》）。他將槍口瞄準維拉的腦袋，然後又從口袋裡拿出另一把槍……遞給我。

我用不可置信的表情盯著他，心想：「媽的，你是豬嗎？現在你把我也拖下水了。」

史提夫銬住維拉的雙手，並把他拖到小房間裡，最後再用口球塞住他的嘴，而我全程都沒有回過神來。雖然事情走向跟進展都出乎我的意料，但我的罪犯直覺告訴自己，絕對不能再被史提夫擺一道。

史提夫對我說：「你在這裡看著他，我過去拿白粉。」

「東西在哪裡？」

我答道：「他說放在桌下抽屜，你找一下。」我說謊了。

我心想，這就是三個人一起合作賺錢的下場，媽的，還真的被貝娃料到了。二十分鐘後，史提夫回來了，手上還多了一把小型衝鋒槍。

他說：「我在抽屜裡只找到幾克東西跟兩百塊錢，根本沒有兩公斤的貨。」我剛聽他說完前半句話，就知道他連我也想騙。

「史提夫，你這個低能兒，你現在把我也拖下水了。」這個計畫明明已經這麼簡單了（理論上來說），史提夫還是有辦法搞砸，我簡直快要被他氣瘋了。我把槍丟還給他，並撂下一句：「我要閃了。」接著直接轉身走人。

我根本不怕他會在背後朝我開槍，史帝夫是蠢沒有錯，但也沒笨到真的會殺人。其實我後車廂裡也放了一把槍，我也想過一槍把史提夫斃了，然後把維拉放了，但這樣一來我跟史提夫一樣都會變成輸家，我可沒這麼笨。

我跑向我的車子、跳上駕駛座、直奔維拉的公寓。我頭也不回的經過警衛、一把拉開大廳的門、走進電梯按下樓層鈕、徑直朝維拉家門口走去，像頭猛獸般一腳踹開他家大門。走進屋子後，我一把抓住天花頂板邊緣，使出全身的力氣往下拉，並在一片狼藉中看見用哥倫比亞當地報紙包著的兩公斤古柯鹼。

我隨手拿了一個垃圾袋把東西裝進去，並用最快的速度逃離現場。我知道警察現在應該正在找我，於是鎖定了路邊某臺投幣式報紙販賣機。那時候的毒販習慣將毒品跟錢藏在路旁的販報機裡，特別是在進行白粉交易時。

我走向被我選中的販賣機、打開蓋子，將東西塞進裡面，並牢牢記下它所在的位置（直到今天我都還記得，這臺販報機坐落在某中途之家對面）。

我急催油門趕回家裡，接著立刻給我一個朋友打了電話，告訴他我把白粉藏在哪裡，並請他幫我賣掉，再分一些錢給我，對方欣然同意（最後我靠著這批貨賺進了整整一萬八千塊錢）。

忙完這些事情後，我發現現在也才下午三點，便開始胡思亂想，覺得自己一**定會被逮到**。喬治一到家，我就把所有事情都告訴他，但他也不知道我此時該做些什麼。為了讓自己有點事做，我開始打掃房子，並將所有跟犯罪有關的東西通通丟掉，例如秤、捲菸紙之類的，我們甚至還動手做了晚餐。

瞎忙完一陣後，我們開始等待。

大約七點半時，門口傳來敲門的聲音，我和喬治互看了一眼，宛如兩頭受驚的小鹿。

我聽見史提夫的聲音說道：「讓我進去。」又是這個王八蛋。

「你想怎樣？」我把門打開一個小縫，完全沒打算讓他進來。

「今天白天發生的事情純屬誤會，我也不知道自己為什麼要這樣做。我真的死定了，現在我的車廂裡裝著一個陌生人……」

我驚慌的說道：「他在你的車廂裡？」

他接著說：「對，我得把他載到公車站，然後逼他坐上前往亞利桑那州的公車，不過你先聽我說，我們還可以去搶另一個人的錢。」

「你在供三小啦？」

他突然提高音量：「她今天就必須拿到辦離婚要用的錢！我已經跟她說我弄到錢了！但現在事情搞砸了！要是她今天沒拿到錢的話一定會離開我！」

「我的天啊，媽的，你給我滾。」

「算我求你了，喬伊！」

「我愛莫能助，現在就離開我家，不然我一槍幹掉你。」

史提夫最後還是走了，後來我得知他本想載維拉到巴士站把他送走，但在半路上卻因為車頭燈沒關被警察攔停。詢問過程中，警察聽到車廂裡似乎有人在說話，事情也徹底曝光。維拉是個好人，他沒有把我抖出來，出賣我的是史提夫那個吃屌暈船男，幹！

我也不是幹了什麼壞事

史提夫離開後，我完全不知道該做什麼，於是便把自己灌醉到不省人事。突然我被一陣急促的敲門聲吵醒，才發現現在已經是隔天早上。

敲門的是一個叫布萊迪（Brady）的年輕人，他也是汽車經銷商的員工，人還不錯，很愛抽大麻。

我一邊開門一邊問道：「怎麼了嗎？」

「喬伊，警察把公司包圍了，現在正在趕來你家的路上。」

「靠，你沒在跟我開玩笑吧？」

布萊迪說：「我是專程跑來警告你的，不過他們應該已經快到了。」

「謝了，你先進來，我拿一些草給你。」我開門讓布萊迪進來，告訴他東西放在哪裡，並說自己要先沖個澡。

「喬伊，他們隨時都會到，我是說真的啦。」

我回他：「好，沒關係，沒關係……我先打給凱西。」我的反應就好像是想讓警察抓到自己，趁早結束這場惡夢一樣。

其實那時我們又吵架了，而且已經有好幾天沒說話，因為我本來答應了要當凱西美容學校考試的模特，但最後又放她鴿子。雖然她在不爽我，但我還是想打給她試試，看她會不會願意和我說話。

她一接電話，我就趕緊向她解釋現在的狀況：「凱西，我出事了，妳半小時後到金蘇柏超市（King Soopers）接我。」

她知道事態嚴重，沒多說什麼就答應我，我立刻趕到對面的金蘇柏超市，並叫布萊迪快點回公司。到了超市後，我突然想到自己忘了拿大麻，大膽如我，自然是無論如何都要回家一趟。到家後，我發現外面站了五名警察，所以避開他們，躡手躡腳繞到後門爬窗進入屋子。拿到大麻和菸斗後，我從原來的窗戶爬了出來，直奔超市，恰巧碰上開車來接我的凱西。

因為凱西爸媽幾天後才會回家，於是凱西便答應讓我在她家暫住，冷靜思考一下接下來的計畫。

住進凱西家隔天，我就打了通電話給喬治，讓他知道我現在人在哪裡。

「兄弟，現在警察滿世界在找你，他們已經來過我這了，還去了克萊斯勒跟速霸陸店裡，就連雜貨店也不放過……你能想到的地方他們都找過了，其中一名警察還給我了一張名片，要我向他回報你的行蹤。」

我說：「把他的電話號碼給我，我打過去。」

等等，我不是來亂的，我知道自己惹上大麻煩了，但內心又覺得這起事件跟以前差不多，所以倒也不是真的這麼在意。我對待事物的思維方式還是和在紐澤西州那時一樣，認為「自己也不是真的幹了什麼**壞事**」。

我撥通警局的電話，並向調度員說明自己的身分，但對方卻立刻按下等候鍵，打算追蹤撥號位置，我也馬上把電話掛了。

我再次撥通警局的號碼，他又故技重施。

我又撥了一次電話，並直接告訴對方：「媽的，不要再給我按等候鍵了，我知道你們在搞什麼鬼，我是打來自首的。」

對方一句話都沒說。

我問他：「我身上現在揹了什麼罪名？」

他回我：「沒有，我們只是想聽聽你的說法，再問你一些問題而已。」

我思考了幾秒鐘，不確定自己是否真的要自首。

「與其打了又掛，掛了再打，你不如直接告訴我你在哪裡，我們會派人過去接你。」

「好，我人在艾利斯大道的艾柏森超市（Albertsons）。」我先騙了他們。

「我們立刻就到。」

警察四分鐘後就趕到艾柏森超市，而我則是坐在車子裡，從對面觀察他們的行動。他們派出了幾輛警探車、反恐特警車還有一臺警用貨車。

我看著這幫警察不斷進出超市，看著他們想逮住我卻又遍尋不著的模樣。

「操！」我大聲罵了一句，接著發動引擎離開現場。我去了一趟錄影帶出租店，還在路上買了點中餐，接著便驅車返回凱西父母家。

我一走進家門，凱西就問我：「天啊，發生什麼事了？」

我說：「我打電話報警，想看看他們的反應，結果警察真的在找我。」

「那接下來怎麼辦？」

我說：「他們最後一定會逮到我，但如果我明天到警局自首，就可以把事情的原委說給他們聽，他們說不定就會理解我的苦衷，並相信我是清白的。」

隔天早上，我心想如果自己現在就去警局，等他們問完話之後，最晚應該下午三點就能出來了。

我咬了一口香腸後對凱西說：「唐・強生（Don Johnson）跟席娜・伊斯頓（Sheena Easton）今晚要結婚，我一定要趕回家看《邁阿密風雲》，說什麼都不能錯過他們的婚禮。吃完早餐後妳可以載我去警局嗎？我想趕快把這件事搞定。」

下車後，我告訴凱西晚點再到前面的公車站接我（現在想想，我當時真的是瘋了）。進入警局後，我走上樓按響了警探部的門鈴。

裡面的人問道：「你哪位？」

「何塞・狄亞茲。」

他們立刻把門打開讓我進去，我一踏進辦公室，就看見幾名警察舉著槍對準我，齊聲吼道：「趴下！趴下！」

一名警探說：「何塞・狄亞茲，我們現在以綁架罪、兩起嚴重入室搶劫，以及二級竊盜罪逮捕你。」

趴在地上的我問道：「什麼？綁架？我沒有綁架任何人啊，你們抓錯人了。」

我認為的綁架是這樣的：把某人五花大綁後丟進車裡，再將他們囚禁在地下室內，並向對方的家人索要贖金。然而，科羅拉多州法律認定的綁架是這樣的：在違反某人意願的情況下，將他們從A地帶往B地（即便只是進入另一個房間也算）。根據這個定義，我確實犯了綁架罪。

警探一把將我從地上抓起來，並用手銬銬住我。霎時間，所有人都在對我大吼大叫，我完全不知道該聽誰說話，只能安靜的站在原地。一個人伸手把我口袋裡的東西全都掏出來，並在我身上東摸西摸，確認我沒有攜帶武器。

那名警探問我：「你有什麼話想說的嗎？」

我說：「當然有，我跟你說……你們一定是被誤導了，才會以為我是綁匪。」

他們把我送進偵訊室，我在裡面等了超他媽久之後才有人走進來問我話。

「我是在販毒沒錯，但後來情況失控了，有人拿槍指著我的頭，我根本不曉得發生了什麼事，我是被威脅的。」

警探擺出一副胸有成竹的表情問我：「如果你跟另一個人不是一夥的，之後為什麼不打電話報警？」

我謊稱：「我被嚇到了，想說要是自己走漏了風聲，那個人可能就會把我幹掉。」

他說：「最好是這樣……你的這些小把戲是騙不過我們的。」

他們完全不相信我的說法，並帶著我去拍照、按指紋之類的。流程結束後，我被帶進牢房，足足等了六個小時才接到最新通知。

一名警察隔著鐵條對我說：「明天你就要上法庭受審，法官會正式起訴你，你的保釋金會被設定為五萬元。除非外面有人能拿出五萬元現金保你出去，否則你就做好準備在牢裡乖乖待一陣子吧，狄亞茲先生。」

聽到這個噩耗後，我的下巴立刻掉到地上，心想自己這次真的是闖下大禍了。

他們允許我通話後，我立刻打給凱西，並對她說：「妳一定不會相信我有多倒楣，我今晚絕對看不到唐．強生的婚禮了。」

第十五章

牢飯的滋味

我在想，我的人生中有沒有值得自己全力以赴的事物？
可以讓我徹底遠離毒品和犯罪，並帶領我走向幸福的坦途。

被捕後在牢裡度過的第一個晚上，我突然想起佐拉達。自從我開始走上犯罪這條路後就和她失去聯絡了，現在算一算也有好幾年了。當時我的人生已經完全被白粉控制，每天都活在羞恥感跟焦慮中，在我開始懷念與佐拉達定期的寒暄時，才驚覺我們已經有五個月沒說過話了。後來我終於鼓起勇氣打給她，她劈頭就問我死去哪裡了，說自己前陣子被警察抄家了，還摔斷了腿，期間根本沒人關心她。

我越聽越難過，後來乾脆直接把電話（公共電話）給掛了。我不僅讓老媽失望，也辜負了自己和佐拉達。當我想到她在老媽過世後對我的照顧，再想到自己避不見面的行徑，我的心就宛如刀絞。

我想修補和佐拉達的關係，但當我隔幾個禮拜後再撥打同一個號碼時，才發現她的電話已經停機。由於我查不到佐拉達的下落，所以我們就再也沒有連絡過。

我不知道佐拉達如果還活著的話，會怎麼看待身陷囹圄的自己。其實我有聽說她生病了，而且過得相當淒涼，但我從沒有嘗試再去聯繫她，我很後悔自己當時沒有去找她。

我內心一直堅信自己是個好人，然而進監獄這件事讓我的想法慢慢開始動搖。

隔天法庭分配了一個完全不合格的律師給我，而我則在法官面前堅稱自己是清白的。昨天那個警察說對了，我的保釋金被設定為五萬元。

凱西來探監時我問她：「大力士呢？牠還好嗎？」至少在大力眼中我還算是個好人。

凱西答道：「牠還不錯，我還是不敢相信你要坐牢了。喬伊，你接下來怎麼辦？我覺得我們應該讓我爸媽知道這件事，看看我爸能不能幫忙。」

「妳瘋了嗎？他會恨死我的。」

我知道自己需要像凱西她爸這樣的有力人士出手相助，但一想到這個男人我就背脊發涼。我因為一時興起，就在完全沒有事先通知的情況下帶他女兒跑到舊金山；我因為嗑藥而錯過了他兒子的婚禮；我一而再，再而三讓凱西失望；我因為犯了綁架罪被迫穿上囚服……他不恨我要恨誰？

凱西有五個兄弟姊妹，還有數不清的表親，她的父親雷（Ray）就是整個家族的中流砥柱，他們家每個人只要碰到麻煩，一定會立刻找他指點迷津。凱西覺得不管之前發生過什麼事，她爸都會當我的靠山，於是便約他出來吃了頓晚餐，並將事情一五一十的告訴他。

凱西透過電話告訴我：「爸說他願意幫你，他下次會來看你，告訴你他的計畫。」

媽的，我和雷的對話順到我簡直不敢相信。

雷牢牢的盯著我的眼睛說道：「喬伊，你確實犯錯了，只要是人會犯錯，事情現在還有轉圜的餘地。」

「你要仔細聽清楚我接下來說的每一句話。」接著，雷跟我講了他一位客戶的故事（這名客戶在保險公司上班，後來因為毒品惹上了一些麻煩）。說完客戶的故事後，雷告訴我：

「我們最後把他從牢裡救出來了，所以一定也能救你出來，這是我要告訴你的第一件事。無論保釋金多高，我們都會先把你弄出來，等出來後，我們再克服下一個難關。」

雷動用了自己的人脈，召開了一場特別聽證會，將我的保釋金降到三萬元，最後我只在牢裡待了兩個禮拜就出獄了。在等待庭審的同時，雷逼我補考中學文憑，並去當地大學辦理登記入學，目的是讓法官看見我正在努力改過自新。

我知道自己不能再被警察抓到把柄，但說的比做的簡單，最近當地死了一個西班牙裔藥頭，他們正在積極計畫要把罪名安到我頭上。除此之外，他們還想把另一樁搶劫毒犯的案子嫁禍給我（那名毒販在與劫匪追逐的過程中跳窗，導致雙腿骨折），但這兩件案子都不是我幹的。

我的案子預審日是在一九八八年一月底，當天我告訴法官自己正在找新的律師，因為我認為法院指定的律師能力不足，並再次宣稱自己無罪。那天離開法院前我簽屬了一些文件，殊不知這些文件將使我陷入困境。

我走進書記員辦公室，發現裡面有兩名警官坐著等我，他們手裡拿著一疊照片，裡面有超多我在斯諾馬斯村販毒的抓拍照。媽的，我就知道斯諾馬斯鎮的警察在監視我。

其中一名警官一邊把照片丟到桌上，一邊說道：「狄亞茲先生，你是斯諾馬斯當地的最大的毒品中盤商之一，如果你能當警方的臥底，把他們約出來交易，我們就會請法官對你的案件從寬處理。」

我安靜的坐著，聽他們把話說完。

對方繼續說道：「你交易時身上要帶著錄音機，方便我們日後調查，辦完這件事後，你就可以去過你的新生活了。」

「好吧，我考慮看看。」

其實我根本沒有要考慮當臥底，我從沒當過告密者，將來也不可能去告發同行，我那天只想安安靜靜離開法院。幾天後，我接到美國緝毒局（DEA）打來的電話。

電話那頭的人說：「我是負責這次專案的員警，我們來計畫一下這次的行動吧。」

「我不可能參與你們的行動，我現在有工作，還要上課，一切都已經回歸正軌，法官不會為難我的。」

我接著表示：「我很感謝你們願意幫我向法官說情，但我有把握自己一定會勝訴。」

之後他們就再也沒有來煩我了，與此同時，為了維持穩定的生活，我在赫茲租車行找了份工作（調度員），後來還被公司指定參加經理訓練專案。除此之外，我還報名了當地的游泳班，一星期三天，每天六點準時到游泳池報到練習一個小時。總而言之，那段期間我很努力想改過自新。

但狗改不了吃屎，我就是非得幹些壞事不可。

證明身分的證件很重要

我開始在住家附近的購物中心行竊，我記得當時史普林斯汀推出了一張合輯，我每次都會去希爾斯百貨（Sears）偷走全新的展品（兩到三張），再以六十塊的價格轉賣給當地唱片行。後來我的胃口越來越大，居然想一次偷走十張專輯，結果立刻被警衛逮個正著。

他朝我吼道：「喂，你在幹什麼？」

我立刻拔腿狂奔，他騎著巡邏電動車在後面猛追。我一邊跑，一邊把專輯丟在地上，希望能減緩他的速度，甚至是讓他跌倒。他一定是不知道在什麼時候通知了警察，因為我一跑到百貨公司外，就看見一名警察等著抓我。

我說：「他媽的，真是見鬼了。」我說完後立刻高舉雙手投降。

我很清楚自己絕對不能透露**真實身分**，白痴都知道在保釋期間犯罪不會有好下場。他們把我押送到警察局並問我叫什麼名字，由於我偷東西時身上都不會攜帶駕照，於是便謊稱自己是詹姆士·史密斯（James Smith）。當天晚上他們決定以具結釋放[1]的條件讓我回家，

1 譯按：保釋的一種，在審判前被告保證在開庭時按時到庭，且法官認為不需要被告人提出保證人或提供其它擔保時可以採用。

但我必須找一個人帶著駕照來接我。

我告訴警察：「我知道說出來你一定不會信，但我把駕照搞丟了，真的。我現在沒有駕照。」

「如果你不能出示駕照，至少要來接你的人要能證實你的身分。電話在那邊，你自己去找人吧。」

我撥通了凱西的電話。

她說：「請問哪裡找？」

我說：「妳好，我是詹姆士・史密斯，我們上週一起出去過……」

「喬伊？你是喬伊嗎？」

「我是詹姆士・史密斯啦，妳能不能來博爾德警局證實我的身分？」

她沒有再多問什麼問題，只是說了一句：「我十五分鐘後到。」

我這個人有一個特長，那就是無論到哪裡都能交到朋友，例如我就認識這間警局某個警衛（我是之前被抓進來時認識他的）。好巧不巧，在壓按指紋做紀錄時，這名警衛剛好也在現場。

他不知道我是因為新的罪名被帶進警局，一見到我便和我打招呼：「喬伊老弟，你最近還好嗎。」

「很好，哥，我很好⋯⋯」

他伸出手抱了抱我，此時我內心只希望他不會看到我的名牌上寫著詹姆士・史密斯六個大字，並以為我是以喬伊的身分再次被捕就好。

不久後，凱西抵達警局並對警員說：「沒錯，我可以證明他的身分，他是詹姆士・史密斯沒錯。」謝天謝地，此時剛剛那名警衛早已不在現場。

負責的警員對我們說：「好，這樣就可以了，你現在可以走了，但別忘了趕緊去辦駕照，能證明身分的證件很重要，知道了嗎？」

「了解，我一定會去補辦。」

我心甘情願

到了出庭日當天，我以詹姆士的身分出現在法官面前（幸好審理詹姆士案件的是另一位法官），並堅稱自己的駕照遺失了。法官最終做出的判決是繳納罰金一百元，並在愛滋中心做二十個小時社區服務。我以詹姆士的身分繳完罰金並完成服務，期間完全沒有引起任何人懷疑。

在綁架案庭審日即將召開前，雷和我請身邊的人寫信給法官，證明我是個優秀的公民，為社區做了許多貢獻。眾人一口答應我們的請求，這點倒是出乎我的意料，原來有這麼多人不願看到我坐牢（特別是雷）。此外，我也按照雷的建議取得了普通教育發展證書（GED），並透過少數族裔專案被科羅拉多大學錄取。

我還記得審判日是一九八八年八月，我穿上乾洗過的亞曼尼西裝，帶著滿腔的自信走進法庭。旁聽席中九成的人都來支持我的，當他們叫到我的名字時，我還特地回頭看了凱西和她的家人們一眼。

我用唇語對他們說：「安啦。」

法官快速審視眼前一大疊資料，並說：「好的，狄亞茲先生，我們來看看你的案子，今天有不少人都趕來為你打氣……」

我答道：「是的，法官大人。」負責這起案子的法官是個不苟言笑的人，經過調查，我發現他弟弟是名牙醫，而且就住在博爾德市，於是便開始過濾自己住在該區的朋友，看看是否有人是他的病患。還真的被我找到了，我有一個朋友就是他的病人，所以我便請他在看病時趁機替我美言幾句。

為了獲得無罪宣判，我真的無所不用其極。

我和律師都知道，我的案子最重會被判到六年，但也有可能會當庭被無罪釋放，所以說真的，我內心也有點忐忑不安。

「好，你有什麼話想說嗎？」

我僵住了，真的渾身都動彈不得，我向來都是一個不分場合跟話題，隨時都能打開話匣子的人……但此時此刻我卻無話可說。

他停頓了好幾秒，終於開口說道：「那我就當你沒有話要說。狄亞茲先生，我在此宣判你進入矯正署服刑四年。」

我大叫了一聲：「天啊！」並立刻轉頭望向凱西，我可以確定我們兩人的表情是一模一樣的：被嚇瘋了。

我的律師連忙說道：「法官大人，是這樣的，狄亞茲先生已經被科羅拉多大學錄取，我希望您在啟動入監程序前給我的客戶幾天時間，讓他將判決的結果告訴學校。」

律師話音剛落，法官立刻回答：「我不同意，矯正署、四年，今天安排服刑。」

只見警衛向我走來，當著眾人的面將我上銬，這絕對是我人生中最丟臉的一天。就在我即將走出法庭時，法官突然伸手示意我過去一下。

他說：「狄亞茲先生，別忘了在十二月十五號提出重新審議。」，我點了點頭，想到自己還是有可能提早出去，內心暫時鬆了一口氣。但由於現在一切都還是未知數，我還是有可能在監獄裡待滿四年，所以我依舊感到萬分煎熬。

由於雙手已經被銬住，我只能給凱西半個擁抱，並在警衛將我帶走時向眾人點頭致意。

當我通過走廊時，我看見王八蛋瑞吉（Reggie）[2]穿著高級受刑人的制服在拖地。瑞吉能成為高級受刑人絕對享受到了特殊待遇，而這也應證了我的猜想：他就是把我抖出來的那個人。

其中一名警衛像是看穿了我的心思並對我說：「沒錯，他是個抓耙仔。」

他們帶我到走進牢房，接著把門關上。我穿著價值八百塊的西裝坐在凳子上，不敢相信自己現在成了階下囚。我脫下外套，突然摸到口袋裡裝著什麼東西，掏出來一看才知道原來是一塊古柯鹼結晶。我把結晶壓碎成白粉，接著一口氣吸光。我不記得自己是怎樣昏過去的，只知道幾小時後當警衛走進牢房時，我已經光著腳躺在地上，身上還蓋著阿瑪尼的外套。

警衛推了推我並說道：「雜碎，起床了，你要出發去監獄了。」

當他們允許我打電話時，我立刻撥通了雷的號碼，並從他口中得知他正在設法救我出去。他告訴我：「我已經打電話到州長的辦公室了，也聯絡了幾個有關係的人，他們或許可以把你升級成高級受刑人。對了，我還……」

「雷，我真的很感謝你願意幫我，但我現在已經進來了，我心甘情願接受自己應得的懲罰。」

他在電話另一端向我保證：「我們會在外面努力救你出來，事情總會有轉機的，你在裡面一定要好好的。」

由於一些因素，我必須先在監獄待到十二月或一月，等矯正署釋出空缺再行安排。我認為自己已經沒有提早出獄的機會了，所以只能像個男人一樣咬牙撐過這四年。在過去的二十五年間，我大多數時間都在幹一些違法亂紀的事，所以也該**是時候承擔後果了**。

後面痛痛的……？

說實話，入監服刑第一天的體驗還算不錯，不僅交到了幾個朋友，還從他們口中得知監獄裡的各種大小事。但我只在這裡待了幾天就被轉移到另一所監獄（位於科羅拉多山區的某個滑雪度假村內），這裡的環境簡直就像是鄉村俱樂部，景色也美到不行。

抵達新監獄後，我赫然發現自己在紐約的手球導師也在這裡服刑，於是我倆每天都在戶外活動區打發時間（沒錯，我們可以一整天都待在外面）。到了晚餐時間，我們會進入監獄內用餐，接著再到活動區待到晚上八點，最後再回浴室盥洗。盥洗結束後是電視時間（九點開始），到了十點鐘，獄警會開始向大家收錢，並到喜互惠（Safeway）超市幫眾人

2 編按：作者沒有解釋他的來歷，推測可能為此案關係人史提夫的外號或朋友。

代購飲料、巧克力、爆米花、披薩之類的東西。

這裡和大家想像中的監獄完全是兩個世界，整座監獄只有十二名囚犯，根本就是世外桃源。所以當我得知自己必須在這裡待四個月時，我開心得不得了。然而，好景不常，我在這裡只待了不到兩個禮拜就又被調走了。

這次我終於回到矯正署服刑，但首先我必須先經過一週的診斷期，在這幾天內，醫生會對你進行各式各樣的身體與精神狀況評估。我有針頭恐懼症，所以進行到血液檢測時，我知道自己一定會崩潰。

我告訴護理師：「我超怕針頭，我可能會昏倒。」

她安慰我：「沒事的，別緊張，」接著看了一眼我的文件資料說：「好了，狄亞茲先生，我們要開始抽血了。」

這裡擺滿了學校專用的課桌椅，坐在這裡感覺就像坐在教室一樣。我問護理師自己能不能躺著讓她抽血，最後還請她把窗戶打開，讓我呼吸一下新鮮的空氣。她把針頭刺進我的血管，抽走化驗所需的血液，期間完全沒有發生任何意外。結束後，我夾緊手臂走回牢房（位於南棟大樓）。

我對這幾天認識的獄友說：「太不可思議了，抽血其實沒那麼可怕，我也沒有昏倒。」

我把手臂打直，並將止血用的棉花拿開，看見上面的一小滴血跡，接著立刻昏倒在地上。醒來後，我發現自己躺在監獄醫院的病床，額頭上還放了一袋冰塊，而且也沒有感覺「後面痛痛的」——證明昏倒時沒有人趁機占我便宜。也就是說，監獄裡沒有人看上我，我很安全。

我在診斷週做了一次全身健康檢查，等檢查報告出來後，他們就能徹底了解受刑人的身心狀況。矯正署的日子其實更難過，我反倒覺得這裡更符合我想像中的監獄：打架是家常便飯，晚上永遠都有人大吼大叫直到天亮，有時他們甚至會把馬桶的水抽光，透過管線跟其他樓層的人聊天，更可怕的是，這裡偶爾還會發生砍人事件。

最後他們決定將我安置在戈爾登市的西喬治營，此處距離凱西家只有三十分鐘，我覺得還算不錯。西喬治營本來是一處軍事基地，後來被改為監獄，但內部並未重建，所以仍保有軍營的樣貌，也沒有一般監獄的傳統牢房。

我抵達西喬治營後做的第一件事，就是和我的輔導員布魯先生（Mr. Blue）見面。我一走進他的辦公室便開口自我介紹：「你好，我是……」

他秒回我一句「閉嘴」並示意我坐下，接著問我：「你叫狄亞茲是吧？這是哪個國家的名字？」

「古巴。」

「所以是西班牙名字，好，我要跟你說一件事，我不喜歡西班牙人，所以也不怎麼喜歡你。」

我安靜的坐著，臉上卻不自覺露出一抹微笑。

「不要在那邊假笑了，狄亞茲先生。你得過肝炎嗎？」

「沒有。」

「很好，那我就安排你到廚房工作，現在你可以滾了。」

我起身離開布魯先生的辦公室，一下子回不過神來。

我在廚房的第一份工作很快就結束了，我的上司是一位名叫雅布羅（Yarborough）的前海軍退役士兵，他非常大隻，身高約兩百公分，體重大概一百五十公斤，個性極其嚴肅，毫無幽默感可言。

他說：「明天早上六點鐘準時找我報到，你以後負責烘焙，義大利人應該都很會烤麵包吧。」

我回答他：「那個，我不是義大利人，我是古巴人。」

「真可惜，我們明天六點鐘見。」

我的第一項任務是製作肉桂麵包，媽的，我已經很努力在學了，但還是搞得一蹋糊塗。

我按照雅布羅先生教我的那樣，把麵包放進烤箱，然後在一旁默默等麵包出爐。沒過多久，我突然聞到麵包燒焦的味道，於是立刻衝到烤箱旁查看原因，才發現我把麵包做得太大了，加熱後膨脹成人孔蓋的大小，這才導致烤箱發爐。

雅布羅先生衝進來怒吼道：「他媽的！你被開除了，給我滾出去！」

接下來我被指派擔任廚房補貨員，這份工作是整個廚房最爽的缺，真心不騙。每天早上的任務就是評估廚房需要什麼，接著到儲藏室揀選食材，然後運送到廚房，就這樣。

除此之外，我還要負責替廚房訂購食材。因為我沒有上司，所以能直接接觸到所有進入監獄廚房的東西，例如漢堡、炸雞、薯條之類的，這也代表我可以盡情偷東西。就這樣，所有想私藏違禁品（特別是類固醇）的獄友都立刻成為我的好麻吉，因為儲藏室就是最好的囤貨地點，而我也站上了權力的巔峰位置。

講幹話：我的天職

沒在豪洨，我在監獄過得其實還蠻開心的，擺脫白粉的控制也讓我感到身心舒暢，至少我的頭不會再隱隱作痛。

我只要花一小時就能把一天的工作做完，基本上早上八點進入儲藏室，九點就可以出來了。之後我會到圖書館看報紙，圖書館裡有兩名固定的獄友，第一位是管理員，他是一個宅男，之所以會入獄是因為親手幹掉太太和情夫（郵差）。他很聰明，但微笑的表情卻讓人不寒而慄，是個狠角色。有次他對我說：「想想你在毒品上浪費了多少時間，如果把吸毒的力氣用來改善生活，你現在的人生該有多美好。」直到今天，我都還把這句忠告放在心上。

另一個會固定在圖書館出現的人則是廚房主管，所有人都管他叫雞鷹男（Chicken Hawk）。雞鷹男臉上長滿雀斑，還有一口大金牙，永遠都穿著一身白衣（廚房工作人員的標準服裝），跟他黝黑的膚色成鮮明對比。除此之外，他還有一頭直衝天際的黑人鬈捲燙（Jheri curl）。雞鷹男也是因為殺人入獄，但由於他惜字如金，所以我認識他好幾週後才得知他是殺人犯。

身為一名古巴籍受刑人，只跟自己人打交道等於畫地自限，我更喜歡廣結善緣。在監獄裡，黑人幫、墨西哥幫、重機騎士幫跟海洛因毒蟲幫總是看對方不順眼，但我卻能遊走於不同群體間，並深得大家喜愛。

整個西喬治營只有一個人喜歡跟我過不去，他是重機騎士幫的成員，他一直以為自己很猛，但實際上只是個低能兒。他也是廚房員工，每次只要看到我經過，他就一定會嘴賤講些幹話來酸我。有次我真的受夠了，於是隨便拿了一個裝美式起士的盒子，在裡面拉了一大坨屎，然後把蓋子盒上，最後藏進他床位下的衣物抽屜裡。

他不停問住在附近的獄友：「我房間聞起來有屎味對不對？媽的，臭味到底是從哪裡飄出來的？」

最後他終於發現我送他的屎盒，並因此氣得直跳腳。然而，這件事沒能讓他收斂，他還是一直找我麻煩。我別無他法，只能把他揍到連他老媽都不認得，而從此以後他再也沒有來挑釁過我。

我在監獄裡之所以能左右逢源，是因為我似乎總是能滿足他們的一些需求。除此之外，我還發現只要你**夠好笑**，並懂得講一些幽默的幹話，大家也會喜歡你。每週三監獄都會放電影給我們看，但投影機老是出問題。

某個週三夜裡，正當某人在埋頭苦修投影機時，圖書館員突然起鬨說道：「古巴仔，講個笑話來聽聽，不然太無聊了啦。」

我心想講就講**啊**，便走到眾人面前開始說一些瘋話，把腦中想到的所有東西一股腦兒全都噴出來，包括種族歧視的梗跟最髒的髒話。除此之外，我還瘋狂吐槽在場每個人（挑的都是那些不會因此拿刀把我捅死的對象），反正我不管說什麼都要加上雞掰兩個字。總而言之，我的笑話讓房間裡所有人都笑到尿失禁。

從那之後，所有人都希望我每週三表演一場「單口喜劇」（stand-up），當時我也沒有寫劇本，只是在臺上亂講各種幹話，獄友們也相當捧場。從小到大，大家對我的評語都是說話超好笑（口無遮攔那種好笑），但我都沒把他們的話放在心上。直到現在，我才發現自己講起單口喜劇簡直如魚得水。這讓我不禁開始思考，自己**若能以此維生應該也挺有趣的！**但想歸想，我內心還是覺得這個念頭有點不切實際。

我心想：「如果一個人的工作是每天上臺搞笑，會不會有點太爽了？怎麼想都覺得不太真實。」我很快就愛上週三的段子夜表演，每天都在期待能趕緊上臺講幹話。誰會想到，我居然會在牢裡找到自己命中注定的天職。

前提是，你必須先付出

除此之外，監獄也讓我有更多時間反思過去的錯誤，讓我在人生中頭一次有餘裕靜下心來審視自己。每一位受刑人都收到了自己的診斷週分析報告（內容包括性格分析），唯獨我沒有收到，於是我便趁著和布魯先生定期會面時追問他報告的下落。

我問他：「我的診斷報告在哪裡？我想看一下上面寫了什麼。」

在持續逼問他好幾個禮拜後，他終於回答我：「我怕你接受不了報告的結果。」

我問道：「什麼叫我接受不了？你這話是什麼意思？」

布魯先生沒有回答我的問題。

「報告寫了什麼？快點告訴我。」

他說：「我看你是不到黃河心不死。」

布魯先生走到辦公桌旁，拿出我的檔案仔細審視一番。

他說：「好，我簡短跟你說一下內容吧，因為報告上說只要是你想要的東西，你就一定會設法弄到手，所以我最好乖乖交給你。」

我站在那裡聆聽他陳述報告內容，聽完後我的心情變得超差，因為在經過科學方法分析後，他們發現我的本質就是一個小偷，而且永遠都改不了。

我對布魯先生說了句謝謝，然後走出辦公室。

之後幾天我刻意避開布魯先生，但有天他突然自己跑來找我，當時我正在幫外出清掃街道的獄友準備餐盒。

布魯說：「我最近比較少看到你，我就說了你一定接受不了報告的結論。」

我刻意不轉過頭看他，並說：「我不是不能接受報告內容，我只是不能接受你說我是小偷。」

他用肯定的語氣對我說：「我沒說你是小偷，媽的，是你過分解讀我的話，我只是說你是個危險分子，因為你會用盡一切方法得到你想要的東西。我想說的就是這個，你個白痴西佬，你怎麼就聽不懂？」

我繼續把餐盒搬上車，一邊在腦中琢磨他這番話的意思。

布魯繼續說：「我是在告訴你，等你出獄後可以盡情去闖蕩，去爭取你想要的所有東西，但前提是你必須先付出！只要你願意努力，就能實現所有理想，因為你真的夠聰明。」

我被嚇到了，完全沒想過他會說出這樣的話。

「等你離開這個鬼地方，給自己找一個目標，並全力以赴去實現它，我相信你一定會成功的。」

我以為布魯先生討厭我、我以為他覺得我是全世界最蠢的人，但他不僅喜歡我，還覺得我很聰明。

他接著說：「好了，現在我要跟你說個好消息。」此時我已經放下手邊的工作，專心聽他說話。他說：「你的文件審核通過了，法院准許你入住中途之家，你隨時都有可能離開這裡。」

原來在我服刑的這段期間，眾議院一二〇〇號法案（造福的群體是初次犯下非暴力類案件的民眾）已順利通過，也就是說，我的刑期可以從四十八個月縮短至二十四個月，而且是立即生效。這個德政讓我在監獄裡待了才六個月就符合入住中途之家的資格，完全出乎布魯先生的意料。

在二十六歲生日的前夕，我告別了西喬治營，在這裡的最後一天，我回想起布魯先生的話、圖書館員的改善生活論，以及在監獄中服刑的這段時光。我在想，**我的人生中有沒**

有值得自己全力以赴的事物，可以讓我徹底遠離毒品和犯罪，並**帶領我走向幸福的坦途**。

出獄那天，圖書館員送了一本空白的筆記本給我。

他說：「請把你腦子裡的笑話都寫在這個本子上，等過幾年我出獄後，如果發現你沒有成為喜劇演員，我一定會親手殺了你。」

我心想：「嗯，他好像是認真的耶。」

第十六章

左右為難的天主教徒

那時我不僅要接受自己已經成為人夫的事實，
還突然發現自己對妻子根本沒有愛。
或許我的潛意識正在設法讓自己不要搬進那棟兩房公寓，
和妻子一起等待新生命降臨；或許我是故意被抓到的，
因為這樣就能逃離凱西身邊。

我是什麼時候發現自己不愛凱西的呢？答案是在我們搭飛機前往蜜月旅行目的地，並在廁所來了一發高射炮那天。我對凱西的愛不是想和她結婚的那種愛，而是一種認識了某人很久而產生的愛。

我們在一起的時間真的超長，她陪我經歷了太多事情，所以在得知她懷孕後，我腦中第一個浮現的念頭就是向她求婚。我記得很清楚，出獄三個月後，我和凱西在她爸媽家院子的草叢打了一發野炮，她就是在那次懷孕的。

我聽見了老媽的聲音，她說：「我希望你能成為一個男子漢。」而我也希望在長大成人與結婚生子後，自己能真的成為一個合格的男人。我告訴自己：「結婚是件讓人感到快樂的事情。那種美國式的快樂。」

一直到很久以後，我才知道結婚是要看感覺的，你必須**覺得自己願意為對方付出並犧牲一切**，而我對凱西並沒有這種感覺。出獄後，我和她之間的浪漫氛圍已徹底消失，只剩下例行公事，再也沒有為彼此神魂顛倒的衝動。對現在的我來說，唯一能讓我瘋狂的東西就是古柯鹼。

我在獄中的表現堪稱模範生，只是偶爾用一些迷幻藥，還有三次冰毒，基本上算是個超級乖寶寶。我感覺自己的壽命因坐牢時過得太健康而延長了好幾年，然而，出獄後我立刻故態復萌。（還記得我在綁架維拉當天，把白粉藏在某中途之家對面的販報機裡嗎？說也奇怪，這間中途之家就是法院指定我入住的機構。還有，我不是靠著這批貨賺了一萬八千元嗎？這個金額剛好和我的律師費金額一樣，分毫不差。在我看來，種種的巧合都指向一個結論：我註定會被警察逮到。）

我在中途之家又開始嗑藥。出獄當天我開心得不得了，覺得自己又是一尾活龍。抵達中途之家後，輔導員先是強迫我在屋子裡待滿整整二十四個小時，期間他們評估了我的整體狀況，還問了我一大堆詭異的問題，接著帶我去參觀自己的房間。

接下來，我只能在接受治療和上班（他們不會限制你做什麼工作）時外出，而且必須提供公司的電話號碼，讓他們能隨時找到你。那些輔導員沒有要讓你爽爽過的意思，為了擺脫一堆嚴格的規定，我謊稱自己在一間獨立汽車美容店工作，所以如果他們打電話找不到我，就代表我正在清潔汽車。

中途之家規定受刑人不得有車，但我還是設法弄到一輛；中途之家不准受刑人吸毒（廢話），但我還是偷渡了一些白粉跟一臺電子秤進來。總而言之，我完全不鳥他們的規矩。我當時的想法是，如果他們抓到我吸毒，我就靠自己的三寸不爛之舌糊弄過關，再說了，我敢說這裡大約有一半的受刑人都有毒癮，所以輔導員根本沒空理我。

雖然我一直在做一些小動作，但從表面上來看，我依舊是個「乖巧懂事」的受刑人，所以在短短一個月內，我就被升級為高級受刑人。在中途之家，等級越高等於擁有更多自由，例如可以晚一點回家，或是週末可以外出放風。我的計畫是不停升級，盡量不惹麻煩，平平安安離開這個鬼地方。

都已經當爸爸了

得知凱西懷孕的消息時，我人還在中途之家；當初沒想太多，天真的以為當爸爸是項簡單的任務，完全沒想過為人父母對生活帶來的衝擊。

我和凱西在一九八九年九月九日結婚，婚禮辦在博爾德市的聖心教堂。此時的我剛離開中途之家，其實還在保釋期內，但法官卻同意讓我離開科羅拉多州，到舊金山度蜜月。那時我不僅要接受自己已經成為人夫的事實，還突然發現自己對妻子根本沒有愛，雙重打擊使我的毒癮又開始發作。

蜜月旅行結束後一個月，我的尿檢被檢測出毒品反應，於是又被送回中途之家。或許我的潛意識正在設法讓自己不要搬進那棟兩房公寓，和妻子一起等待新生命降臨；或許我是故意被抓到的，因為這樣就能逃離凱西身邊。

他們安排我去看戒毒門診，從此以後，我除了每天工作之外，每週還必須到醫院報到五天、每次三小時（晚上六點到九點）。按照原計畫，本來只要在中途之家待九十天即可，但由於我的行為徹底脫序，所以只好一延再延。最終我在二月離開中途之家，而凱西此時也差不多要生了。

離開中途之家那天是凱西來接我的，之後我們開車到一間賣卡津[1]料理的餐廳慶祝。此時距離預產期只剩兩週，而我們也可以利用這兩週好好安排一下之後的事（但我其實根本不想安排）。

吃完飯後我們便回家睡覺，到了清晨五點半，凱西突然把我叫醒。只見她雙手緊抓著肚子，一臉慌張的說道：「我羊水破了。」

「蛤？破了是什麼意思？」

她喊道：「意思是我要生了！」

我倆手忙腳亂準備出門，而我趁機向窗外望了一眼，發現地上的積雪足足有三十公分厚，於是趕忙衝出去剷掉車子周遭的雪，並為凱西開一條道路。我足足挖了二十分鐘才騰出一塊空間方便凱西上車，但此時我那個靠北的鄰居突然把車開進我清出的空地。

我說：「你他媽有病是嗎？我老婆要生了，我要載她去醫院。」

他下車後什麼也沒說，而是朝我的保險桿吐了一口口水。

我立刻衝上去暴揍這個爛人，和他在雪地裡扭打成一團，本應前往醫院的凱西則在一旁大喊要我們住手。我狂毆了他幾分鐘後，兩臺警車便趕到現場，其中一名警察下車後趕緊將我從他身上拉開。

那名警察問道：「發生什麼事？有人報警說聽到女人在尖叫，懷疑是家暴事件。」

我開口糾正他：「不是，不是家暴，是我老婆要生了。」

我指著倒在雪地中滿臉是血的鄰居說道：「然後這個王八蛋……」我都還沒來得及開口解釋，就看見警察已經在評估現場狀況，而我也開始擔心他們會不會因為這場鬧劇把我關進監獄，搞得凱西只能自己一個人在醫院生孩子。

過了一會兒，其中一名警察終於開口：「好吧，就當你們兩個今天心情不好起了爭執，現在只要握手言和就好。」

我隨便握了一下那個豬頭的手，然後急忙把凱西送上車，其中一輛警車還特地在前方為我們開道，另外一輛則跟在我們後面。在他們的護送下，我們很快就抵達醫院。

凱西特別崇尚自然，她原本的計畫是要前往博爾德某個特殊機構，在那裡接受教練的指導自然生產，但現在情況緊急，她也顧不了這麼多，只能選擇在醫院生產。我穿上他們給我的衣服、戴上搞笑的手術帽，然後走進產房陪凱西，並在心中默默祈禱自己不會因為看到血而昏倒。

1 編按：Cajun，融合西非、法國和西班牙的料理。

可喜可賀，我跟凱西都表現得很好，我們的女兒潔姬（Jackie，出生體重四公斤）也在一九九〇年二月三日來到這個世界上。從外表上來看，彷彿一切都在我的掌控中，但我的內心其實緊張得半死，當我握住她的小手時，我瞬間意識到自己不可能成為一名好父親。

我沒有因為女兒戒毒，反而變得更依賴毒品，並運用各種別出心裁的手法規避尿檢，以免又惹上麻煩。根據坊間謠傳，只要把蔓越莓汁、果凍粉、蘋果醋混和在一起喝下，就能干擾尿檢測試的結果。經過我的實證，這招確實有效。

久而久之，我作弊的手法變得越來越不按常理出牌，例如我會去泳具專賣店購買清潔泳池專用的氯錠、把他們磨成粉末，並在出發去做尿檢前把氯粉撒在龜頭上，再用包皮（我沒割）蓋起來。

接下來，我會用橡皮筋把包皮束住，以免氯粉掉出來。到了廁所後，我會把橡皮筋取下（最後藏在褲子裡）、把包皮往後褪，然後開始尿尿。過程中氯粉會被尿液溶解，導致醫院什麼都測不出來，也搞不清楚原因。

毒品檢測中心的主管對我說：「狄亞茲先生，請你適可而止，我知道你在尿液裡動了手腳。」

我向她打包票說自己沒有搞鬼，還說自己都是在工作人員的監督下尿尿的，怎麼可能動手腳。

我記得有次我用了通樂，導致我的尿液樣本開始冒煙，但所有護理人員都沒注意到。看著試管裡的尿液開始冒泡，我忍不住笑了出來。最後，我那泡尿把整臺檢測機都弄壞了。

我知道你們想問什麼……沒錯，我的屌因為接觸到化學藥劑而灼傷了。

我知道你們心中還有一個疑問……是的，我都已經當爸爸了，但依然死性不改。

天主教不同意離婚

除了嗑藥的問題，我當時整個人都是一副鬱鬱寡歡的模樣（但也可能是白粉影響了我的情緒）。我在凱西他們家的公司上班（翻修與鋪設屋頂），這份工作是我唯一的幸福感源泉。其實我內心很清楚，所有的問題都來自這段婚姻，但我卻無法改變現狀。之所以不敢離婚，是因為天主教教義不同意離婚，於是我只能從生活的其他面向尋找幸福感，以抵銷家庭帶來的煩惱，不讓自己成為那顆老鼠屎。

我嘗試從宗教中尋找慰藉，身為一個即將步入而立之年的男人，我認為耶穌能帶領我離苦得樂，並撫平我內心深處的憂愁，於是投奔天主教教會。嘗試幾次無果後，我便轉向佛教，甚至還買了件海青[2]。

2 編按：一種僧人、居士的服飾。

除此之外，我還上過康復中心，也接受過各式各樣的療程（一些是法院指定的，一些是我自己主動聯繫的）。我每天都會打坐冥想，閉上眼睛清空自己的思緒，並將這種受困圍城的感受，以及與這段不幸婚姻有關的一切雜念排除在外。

我所有的努力都只是徒勞，我根本不想回家，只有在陪伴潔姬時才會感到快樂。到了最後，凱西似乎也注意到我有點不對勁。

有天我們在吃晚餐時，她突然對我說：「我覺得你應該給自己幾天放鬆一下，要不你回家看看朋友吧。」

算一算我已有六年沒回澤西市了，但我其實是故意的，因為我覺得澤西是我人生中所有麻煩的源頭（哈！），所以能不回去就不回去，但現在的我感覺那裡就像根救命的稻草。

我在澤西待了整整一週，雖然絕大部分的時間都是和兄弟一起喝酒嗑藥，但我還是抽空去跟胡安見了一面。升格為父親後（至少我是想當名好父親的），我內心突然有股想和他敘舊的衝動。

我和胡安已經好久沒聯絡了，但一見到他後，中間這段空白的時光瞬間消失了，他邀請我到他家吃晚餐，我能感覺到我們都很開心能再見到彼此（不過我身上還是帶了把槍，以防萬一嘛）。

他向我坦承：「現在想起來，你的確活得很辛苦，畢竟你小小年紀就失去了這麼多。」

我說：「是啊，真的蠻慘的，我也知道失去老媽對你的打擊很大。」我們都有很多話想對彼此說，但此刻一切盡在不言中，我可以確定現在我和他的心靈是相通的，這種感覺很好。就在我要離開時，胡安給了我一些珠寶首飾，說是要給孩子的，我覺得這是他向我表達歉意的方式，而我也欣然接受了。

這趟返鄉之旅整體來說其實還算不錯，但一回到科羅拉多，我的心就又立刻被蒙上一層狗屎。在我倆結婚後的兩年間，我嘗試過各種方法想讓自己幸福，並感覺自己的靈魂已經徹底被榨乾。就在這一刻，上帝顯靈了，我聽到凱西叫我到廚房去一趟。

走進廚房後，我看見她手上拿著一張紙。

她用極度不爽的語氣問道：「請問這是什麼東西？」

我將紙拿過來看了看，並說：「這是我去年申請的學生貸款，我當時因為急著買車所以申請了學貸，不過現在已經還清了。」

她說：「我是你老婆，不管用途是什麼，你要貸款前是不是應該先跟我說一聲？」

接下來凱西說的話宛如天籟，她說：「喬伊，我沒辦法繼續這樣的生活了，我們先分開一陣子吧。」

我從來沒有想從凱西身上騙到什麼東西，但她卻給了我一份最貴重的禮物：自由。

第三部

喜劇人生

我得跟你們說一句實話，這種狀態遠比任何毒品帶來的快感爽，也比所有違法犯紀的行為更刺激。

在踏上舞臺的那一刻，我就知道自己找到人生的歸屬感了。

第十七章

你想成為單口喜劇演員嗎？

比賽結束後，我並沒有像往常一樣跑回家飲酒作樂嗑藥，
而是沉澱自己的心情，並拿出幾本有關喜劇的書，
告訴自己一定要全力以赴。從今以後，我將為了喜劇而活，
即便過得再苦再累，我也永不言棄。

雖然跟凱西結婚讓我如墜阿鼻地獄，但我也要在此表揚她一番，如果不是因為她，我永遠都不會投身單口喜劇事業。雖然和凱西相處是一種煎熬，但在這期間她也推了我一把。

我記得自己剛出獄時，滿腦子都想著要成為喜劇演員，但寶寶卻打斷了我的計畫，而我也被各種瑣事纏身。有天我和凱西在家看湯姆・漢克斯（Tom Hanks）主演的《頭條笑料》（*Punchline*，劇情與單口喜劇有關）。

電影結束後，我告訴凱西：「我也想當單口喜劇演員，我其實一直都有在關心電話簿裡的黃頁，看看有沒有俱樂部願意讓我去做一場開放麥表演[1]之類的。我發現丹佛市的喜劇工廠俱樂部[2]每週二都會舉辦開放麥之夜。」

自從我和凱西透露自己的理想後，她就一直在背後鼓勵我。

她說：「我覺得你應該去試看看，你是當喜劇演員的料。」

喜劇工廠的開放麥之夜運作方式如下：想參加的人週一打電話給他們，如果明天還有空檔，他們就會把你排進表演名單。一般來說，不管你的喜劇段位多低（或多高），都可

---

1 譯按：open mic，與正式演出現場不同，開放麥更偏向提供一個練習、打磨段子的場所。新人可以在開放麥現場表演，慢慢提升功力；專業的單口喜劇演員也會在此練習新寫的段子。

2 編按：Comedy Works，知名戲劇演員克里斯・洛克（Chris Rock）、主持人艾倫・狄珍妮（Ellen DeGeneres）都曾在這裡演出。

以參加開放麥活動。此外，參與者也不需要藝名，總之只要是個人都可以上臺試一試。我已經有好幾次報名卻又當天臨時取消的經驗，我就是提不起勇氣上臺表演。

大約也是在這段期間，某天我在公司上班時，小舅子突然請我去買幾份早餐給大家吃，於是我走到街上的三明治店點餐。在等待出餐的同時，我順手拿起一旁的《洛磯山新聞報》（*Rocky Mountain News*），在翻到不知道哪一版時，我突然看見羅珊．巴爾（Roseanne Barr）[3]的照片坐落在頁面正中央，旁邊斗大的標題寫著：「你想成為單口喜劇演員嗎？」（Do you want to be a stand-up comic?）

我簡直不敢相信自己的眼睛，這篇報導的內容描述羅珊的喜劇生涯，並宣傳她在丹佛的喜劇表演。文中還描述了投身喜劇業的步驟，第一件要做的事就是參加開放麥之夜。除此之外，文章還提到民眾可以利用週日參加喜劇課程，開課地點在科羅拉多大學，費用是每人三十三元，我當下就決定報名參加。

訓練課程持續了好幾個禮拜，最後一天晚上，我們每個人都在全班面前表演一段單口喜劇。放學後，老師把我拉到一旁。

他說：「我老實跟你說，我覺得你是這個班上唯一一個能走喜劇演員這條路的人。」

這句話就像布魯先生當年給我的鼓勵一樣。

我回答他：「謝謝你。」

他接著問我：「需要我幫你安排上臺表演的機會嗎？」

「當然好啊，我正好不知道該如何踏出第一步。」

「威斯敏斯特市最近剛開了一間俱樂部，我會先打通電話給老闆，你明天就說自己要應徵看門的，總之先設法進到裡面再說。」

他們太害怕失敗了

我按照他的指示去做，從此之後，我除了白天在屋頂公司上班，晚上還要到俱樂部工作。不久，俱樂部負責音響的技師跟吧檯助理紛紛辭職，我便順理成章接手了他們的工作。有天，我鼓起勇氣跑去問俱樂部老闆，看他願不願意讓我以客座嘉賓的身分上臺表演，沒想到他居然露出一副看見鬼的表情。

「當然不可以啊。」

他的拒絕讓我備受打擊，但也推了我一把，我心想：「媽的，既然他不讓我上臺，那

3　編按：美國演員、作家，曾獲艾美獎和金球獎，職業生涯始於單口喜劇。

我就到別的地方試試。」隔天我打了通電話給喜劇工廠，預約下週二的開放麥之夜表演名額。凱西一定是在我講電話時得知此事，因為幾天後她興沖沖的跑到我面前。

她咧著嘴笑道：「我跟你說，我跟媽說了，她週二會幫我帶潔姬，所以我那天可以開車載你到喜劇工廠，順便看你表演！」

我累積了很多笑話，基本上我會把所有突然想到的點子、笑點，包括喜劇課上的練習素材一股腦記錄在筆記本上，再從這些原料中提煉出笑話。

我在監獄的喜劇表現手法就是單純講幹話，觀眾們也都很吃我這一套，但我很清楚在喜劇俱樂部登臺演出絕不能這麼隨興。我看過許多大師的喜劇表演，包括洛尼·丹吉菲爾德（Rodney Dangerfield）、李察·普瑞爾（Richard Pryor）[4]，以及安德魯·戴斯·克萊（Andrew Dice Clay），所以多少可以模仿他們的表演節奏，並搭配自己的笑話。

其實我根本就還沒整理出自己的表演方式，但我也是豁出去了，只求盡力即可。

走進喜劇工廠時，我和凱西先是環顧了一下現場的狀況，發現裡面只有二、三十名顧客……靠……其實也沒這麼多人嘛！話雖如此，我還是緊張得要死，我來回踱步、瘋狂流汗、猛飆髒話。我知道如果自己想走這一行，就一定要**撐過這場處女秀**。我知道很多想當喜劇演員的人都克服不了這一關，因為他們太害怕失敗了，但我絕對不能被恐懼打敗。

當主持人喊到我的名字時，我毅然決然走上舞臺。深吸一口氣後，我說出了第一句話：

「安安，你們這幫垃圾人！」

我已經忘記當晚自己到底說了些什麼，但這都不重要，因為我只記得從臺下傳來的笑聲，所有人都被我的笑話逗得樂不可支。走下舞臺時，我內心更加堅信這就是我今生最想從事的工作，所有的緊張都在一瞬間化為喜悅。

我的表演結束後，俱樂部老闆艾德·尼寇斯（Ed Nichols）帶著其他演員來找我聊天。他說：「你的表演很精采，臺風穩得不得了！這真的是你第一次做單口喜劇表演嗎？」

我回答他：「沒錯，我是第一次登臺。」我不敢相信自己的表現居然這麼亮眼，現在我渾身充滿腎上腺素，根本無法好好思考。但我得跟你們說一句實話，這種狀態遠比任何毒品帶來的快感爽，也比所有違法犯紀的行為更刺激。在踏上舞臺的那一刻，我就知道自己找到人生的歸屬感了。

艾德問我：「你還會再回來表演吧？」

「靠，當然啊，我一定會再來表演的。」

當天晚我還接到了一個名叫比爾·鮑爾（Bill Bauer）的人打來的電話，詢問我是否願意在丹佛野馬隊訓練中心的喜劇秀上登臺五分鐘。有了一次成功的經驗，我二話不說就答

4 編按：被譽為史上最偉大的單口喜劇演員。

應了他的提議。我沿用了自己在喜劇工廠的表演素材，並再次博得滿堂彩。

這次表演結束後，我結交了一些喜劇圈的朋友。在我眼中，這些人就像是耶穌的門徒，和他們相處使我對喜劇的熱情越來越濃烈。

所有藥腳都過來幫我贊聲

在我的喜劇事業剛起步時，凱西提出要和我分居。幫她收拾行李那天，我內心暗自慶幸她一切都從簡處理。我知道自己應該要感到難過，也知道我應該反省，並問自己到底做錯了什麼才會導致她選擇離開。但是我既不悲傷也沒有反省，我一點都不在乎。

其實凱西的離開也在我意料之中，她過得並不幸福；我的毒癮、謊言，還有綁架事件都在蠶食她對我的感情。我想，在凱西決定徹底離開我的那一天，她應該是已經確信我的人生不可能會成功。在分居的這段日子裡，我們答應彼此不做瘋狂的事，也不和其他人約會。大約過了一個月後，我和凱西決定正式簽字離婚。

與此同時，我的生活每一秒都在往更好的方向發展，我將所有的精力都放在發展喜劇事業上，四處尋找表演的機會。

有天我在看報紙時不經意瞥見當地正在舉辦業餘喜劇競賽，便打電話給承辦人員，對方告訴我先來參加第一輪比賽。

我去參加了，也順利晉級，兩個禮拜後，我再次出席第二輪比賽，又再次晉級。博爾德不是喜劇重鎮，所以我一直無法找到能定期表演的場所，我基本上都是在酒吧的詩朗誦之夜或卡拉ＯＫ之夜才有機會上臺講些段子（而且一開口就會被轟下臺）。

在缺乏練習的狀態下，我覺得自己能連贏兩場根本就是奇蹟。為了精進自己的技巧，我開始租一些相關錄影帶，藉此鑽研喜劇之道。由於我實在是租了太多次丹吉菲爾德跟《戴夫單喜集錦》（*Def Comedy Jam*）的帶子，所以出租店老闆很阿莎力的從此不再收我錢。

在等待決賽到來的這段期間，我簡直就像開了掛一樣，不僅瘋狂把自己想到的笑話和梗都寫在筆記本上，腦中也隨時都會迸發出新的素材。

和凱西分居後，我少了後顧之憂，因此能心無旁騖發展喜劇事業。然而好景不常，有天她突然將公寓裡所有東西都拿走，包括家具、餐具，就連掛在牆上的畫都不放過。

當天晚上我打了通電話給她並問道：「我傻眼耶，妳把所有東西都拿走了，我現在只能坐在塑膠箱上。妳把床架上的彈簧床搬走了、毛巾也帶走了，好，我們看看妳還拿走了什麼。」我打開冰箱，發現裡面空無一物，於是便質問她：「冰箱也被清空了，芥末醬也拿走了！誰他媽會連芥末醬都不放過？」

她說：「我並不是在針對你，我也要找地方住，所以會用到這些東西。」

我反問她：「所以我們沒有要復合囉？之前講的暫時分開一個月只是說說而已囉？」

她回答我：「對，我覺得我們還是離婚好了。」

要離婚我當然可以，但我很討厭有人亂拿我的東西，她甚至拿走朋友送我的古巴紀念品，然後轉手賣掉，擺明了就是在整我。

為了轉移注意力，我只能專心準備比賽。大家都說我是奪冠的熱門人選，而為了打敗其他參賽者，我還預留了一手。當時我正在做煩靜錠（Valium）[5]非法買賣的生意，所以認識了一大堆買家。根據比賽規則，演出獲得最多掌聲的參賽者將取得優勝，於是我通知所有客戶在決賽當晚**到比賽現場跟我拿貨**，並幫我贊聲助威。

決賽當天剛好輪到我照顧潔姬，凱西本應在晚上七點前就來把孩子接走，這樣我就能在八點前趕到現場。

但她拖到七點四十分才姍姍來遲，操，她絕對是故意的，因為她知道這場比賽對我來說很重要。

我把潔姬交到她手上並質問她：「妳不是知道我晚上要參加比賽嗎？妳跑去哪裡了？」

她說：「不好意思，我去約會了。」

看著凱西帶著孩子上車後，我也趕忙跳上車，加速朝俱樂部方向狂飆。抵達現場後，一名不識相的選手居然想取消我的資格，理由是我並非業餘喜劇演員。他說我去野馬隊訓練中心表演時收了五塊油錢，這根本就是他因為怕輸而硬掰出來的藉口，他其實很清楚我不是專業喜劇演員。

最後，主辦單位還是決定讓我登臺，但我的心情早已被這個爛人跟凱西破壞，所以多少有點生氣，身體也開始瘋狂分泌腎上腺素。我上臺時一點也不緊張，就算有，也一定被憤怒的情緒掩蓋過去。後來我發現，帶著些微怒氣表演其實是件好事，因為你會變得更尖銳（恰到好處那種），而我就是在那天晚上首次體驗到憤怒對表演的加成作用。

和之前幾次一樣，我已經記不清楚自己到底說了什麼，但我可以確定效果一定很好，臺下的掌聲如排山倒海般襲來。當主持人宣布我贏得冠軍，並將五百元的支票交到我手上時，我可以清楚感覺到自己的夢想已漸漸化為現實。

比賽結束後，我並沒有像往常一樣跑回家飲酒作樂嗑藥，而是沉溺自己的心情，並拿出幾本有關喜劇的書，告訴自己一定要全力以赴。從那天起，只要一有時間，我就會埋頭鑽研和單口喜劇有關的知識。

從今以後，我將為了喜劇而活，即便過得再苦再累，我也永不言棄。

5　編按：抗焦慮、安眠劑。

第十八章

爸爸，「西佬」是啥？

我很想當個稱職的爸爸，
但父親這個角色並不是靠想像就能當得成。
我捫心自問，到底怎樣做對潔姬才是最好的？
想讓她過著正常的童年，我就必須徹底消失。

我想當個好爸爸，但事實證明我根本不是當爹的料，因為我太堅持做自己了。我當然愛潔姬，也想給潔姬他應得的父愛，不過我太沉迷於毒品了。回顧過往，我終於了解和當時的我相處有多辛苦，然而那時我只是一味的認為自己**已經很努力**了。

當我得知凱西開始和一個叫大衛（Dave）的男人約會後，我倆的關係立刻升級成戰爭。其實在我發現凱西的新戀情前，她就已經帶著潔姬和對方同居了。

我簡直氣炸了，並對她破口大罵：「妳帶我女兒住進野男人家前好歹跟我說一聲吧，我是孩子她爸，妳他媽有尊重過我嗎？」

凱西嘗試說服我，她說：「大衛是個好人，我很喜歡他。」

原來凱西是在我坐牢時認識這個王八蛋，但她發誓他們沒有背著我偷情。大衛的年紀比凱西大幾歲，我認為在凱西眼中，這個男人比我穩重，也能提供我給不了的安全感。

我每週都可以跟潔姬相處幾天，我覺得這樣其實也很好，所以也沒打算再繼續嘴這件事。但凱西真的太機車了，她每次來接潔姬回去時都會故意挑我的毛病。

她有時會說：「我看到角落有狗毛，下次來之前要打掃乾淨。」或是：「你幹嘛讓潔姬看《侏儸紀公園》（*Jurassic Park*）？那不是小孩該看的東西。」

其實一開始都是這些雞毛蒜皮的小事，但有次我接到凱西的電話，問我手上有沒有草。當時我除了賣煩靜也兼賣大麻，所以就告訴她我有貨。

她說：「我晚點可能會過去跟你拿一些，到時候再打電話給你。」

她沒有打給我，但我下午回到家時察覺到有人來過，還在我放大麻的地方發現了一些大麻碎屑，便打電話給凱西。

「妳是不是來我家拿東西了？」

「沒有啊。」

我說：「奇怪了，我怎麼覺得一定是妳拿的。」

掛上電話後我就出發到托兒所接潔姬，晚上凱西來接孩子，我把她帶到凱西車上，一眼就在車內看見我的大麻。

我質問凱西：「這是什麼？」

「這不是你的貨好嗎？你他媽管好自己就行了，我要走了啦。」

隔天我收到律師通知，說凱西要求我再次接受毒品檢測。幹，我簡直不敢相信她會這麼賤。

從那天起，我又被迫定期去做尿檢。

一天晚上，我突然被兩個手持木棒的男人襲擊，結果我赤手空拳把他倆打跑（所以說，沒事最好別惹我）。回到家後，我坐在沙發上把想置我於死地的人都想過一遍，發現凱西跟大衛的嫌疑最大。我知道這兩個混蛋想讓我徹底消失在他們的生活中，但我又何嘗不想，只是現在我必須繼續努力。

一週七天，不間斷登臺

當時的我給自己設了兩個目標：第一，當個稱職的父親；第二，成為全職喜劇演員。敢站上舞臺表演，就代表我已經推開了通往喜劇圈的大門，接下來我要做的，就是把握每一個登臺機會、接受批評、持續精進。

我漸漸找到個人風格，並發現自己特別擅長講簡短的笑話，大多是一些黃腔，除此之外，我還發明了一個段子：有天哥吉拉（Godzilla）打算襲擊紐約市，但到了之後發現空汙太嚴重，於是轉頭就走。

呃，反正笑話總是要講了才知道到底有沒效果。無論如何，我都可以確定自己的喜劇之路算是開了個好頭，至少我是認真想把這件事做好的。每個禮拜我都會有六到七個晚上在臺上表演，週一是在博爾德市的俱樂部、週二在喜劇工廠、週三在五二俱樂部（Club 52）、週四在丹佛市的小公牛餐廳（El Torito）、週五週六我會到各個俱樂部擔任客座表演嘉賓。至於禮拜日，我會到當地一間牛仔鄉村酒吧報到，因為他們在排舞[1]課結束後會有一段開放麥表演（是的，我連這種表演機會都不放過）。

然而，這些表演的規模其實都不大，我住的地方根本沒有什麼大場子，我見過最多的觀眾也不過四十多人，來捧場的大多是常客和表演者的親友團。話雖如此，這些場所的確為我們這些業餘喜劇演員提供了練習的地方，而我們當中也有一些人和我一樣，會固定在各個俱樂部巡迴表演，期盼哪天自己能一炮而紅。

我最後在經紀人餐廳（The Broker）固定擔任主持，這裡每星期會有幾天提供招牌菜優惠，例如十五塊九五的牛肋眼套餐，所以會吸引到一些固定客戶，而我則負責表演取悅食客。其實這些人都是衝著特餐而來，並不是為了看喜劇表演，但我才不管這麼多。

這份工作逼得我必須一直產出新段子，還要不停換表演服或搞笑套裝，以維持觀眾的新鮮感。總而言之，只要能搏君一笑，我什麼都願意嘗試，我記得有次我上半身只穿了一件交通錐奶罩（就是瑪丹娜〔Madonna〕在〈展現自我〉〔*Express Yourself*〕MV裡穿的那一件）。

我之所以要這樣不間斷的到處登臺，都是為了讓人們能看見我，而我的堅持確實也沒有白費。

有天我接到一通對話，對方說卡洛斯．門西亞（Carlos Mencia）正在為HBO錄製一檔巡迴表演節目，問我想不想入鏡。我聽到後喜出望外，心想這絕對是我成名的大好機會，便翻開筆記本，從裡面挑出幾個最有效果的段子。我以此為基礎，精心設計了一套表演，並在不同的場子上反覆排練。我在門西亞的節目中火力全開，觀眾紛紛通通笑到挫賽，並向我報以熱烈的掌聲。

這一切都是一場笑話

雖然凱西跟大衛這兩個賤人一點都沒打算放過我，但我決定不隨之起舞，無論凱西給我扣什麼帽子，我都會心平氣和的以禮相待。和他倆交流時我也秉持著簡短至上的原則，只說「你好」跟「再見」，而不是硬碰硬。

然而，我的努力卻不斷被律師費瞬間清零，例如有次我靠著運動博弈的工作賺了六千元，但這筆錢瞬間被吸乾，因為打一通電話給律師就要花掉我整整兩百塊。

我也想積極向上，我真的很努力。每天晚上，我都會把自己的目標（包括我想同臺演出的前輩，例如道格・史坦霍普〔Doug Stanhope〕和里克・杜科蒙〔Rick Ducommun〕）寫下來，並希望這些夢想能化為現實。

當時國內有一份叫《金促咪》（*Just For Laughs*）的報紙，內容是介紹全國各地頂尖的

1 譯按：line dancing，大家排成一排，沿著重複的舞步順序跳舞。

喜劇俱樂部，我每晚都會把自己想登臺表演的俱樂部圈起來，例如洛杉磯的喜劇量販店（The Comedy Store）。喜劇量販店集結了喜劇圈內的傳奇人物，我就算是死了也想站上那裡的舞臺。

在接下來的日子裡，我繼續認真生活，並努力跟凱西和大衛保持良好關係，但他們一直來亂，不斷指控我濫用毒品，想讓我無法靠近潔姬。當我從律師口中得知潔姬今年不能和我一起過聖誕節時，我忍住一年不斷的理智線終於炸裂。

我火速衝到附近一個朋友的住處，敲了他家的門。應門的是他太太，我說：「抱歉打擾你們了，是這樣的，我買了一大塊肉要切，但我前妻把所有刀具都拿走了，不知道能不能跟你們借把菜刀，大的。」

她二話不說就從廚房拿了把大菜刀給我，我拿著刀走回家、跳上車、筆直往大衛家開去。我他媽受夠了！我已經決定了，我要拿刀把他捅死，然後進監獄坐一輩子牢，並請朋友幫我買一臺傳真機，在獄中把笑話傳真到傑．雷諾（Jay Leno）的《傑哥屌斗秀》（*The Tonight Show*）。

我一邊開，一邊在心中吶喊：「老子再也不忍了！」抵達大衛上班的大樓後，我將刀子藏在衣服裡，接著走進大門，快速穿過櫃檯接待員並衝進電梯。我心意已決，今天非殺了他不可。

走進大衛工作的樓層時，一名女子對我說：「早安，請問有什麼需要幫忙的嗎？」

「請問大衛在嗎？我是他朋友。」

「他今天提早去吃午餐了……」

我當時整個人氣到頭昏腦脹，完全記不清楚自己之後做了什麼，等我恢復意識後，赫然發現身邊正跟著一名警衛，要帶我走出大樓。

他說：「先生，抱歉，你不能隨便進來。等你朋友回來後，我會請他打給你，請問貴姓大名？」

我沒有回答他，只是跟著他走進電梯，按原路返回車上。坐進駕駛座後，我徹底崩潰，開始像個孩子一樣大哭。這對狗男女居然把我逼到想殺人，我至今仍相信，如果當時大衛在辦公室，我一定會一刀砍死他。宣洩完情緒後，我把眼淚擦乾，並答應自己絕不讓凱西和大衛將我玩弄於股掌之間。

回到家後，我給律師打了通電話。

我說：「你打給他們，說我不接受這種安排，告訴他們假期結束後我就會把他們告上法院。」

隔天早上，他倆神色慌張的帶著潔姬出現在我家門口，要讓我們父女團聚過聖誕節。

由於我身上沒錢買聖誕禮物，便從玩具反斗城偷了幾樣高單價的商品，再用退貨機制賺到一大堆點數，用來購買潔西想要的禮物（腳踏車還有其他東西）。此外，我還請在中餐廳工作的朋友偷渡一些食物出來，讓我們能吃上一頓豐盛的聖誕大餐。至於聖誕樹，我本來打算請專賣店的老闆施捨給我一棵小的聖誕樹。到了賣聖誕樹的地點後，我發現老闆不在，而現場只有一個牌子，上面寫著：「自助購物，挑好樹後請將標籤撕下，並連同現金一起放進信封內。」

我自言自語說道：「講真啦？」我從信封裡拿走三百塊，並挑了一棵順眼的聖誕樹帶走（但我發誓我在信封中放了一張借條）。

我租的房子只有一間臥室，看起來挺溫馨的，非常適合一個人住，租金也很便宜，每個月只要一百塊。臥室的床相當大，幾乎占據了所有空間，想走進去都有點困難。起居室裡放了一張小沙發跟重訓椅，可以充當腳凳跟咖啡桌。除此之外，屋內還有一臺電視跟餐桌，就這樣。為了這次聖誕節，我把屋子裡裡外外都布置了一番。對我來說，潔姬臉上露出的笑容就是無價之寶，我們過了一個最完美的聖誕節，拆完禮物還一起看了《美女與野獸》（*Beauty and the Beast*）。

假期結束後，凱西和大衛又開始耍賤，有次凱西來接孩子時態度奇差無比，還對我飆髒話，於是我就隨口說了一聲去死。一週後，我的律師打來告訴我，說凱西向法院說她害怕我會綁架潔姬。

從此以後，我和凱西都必須透過法院指定的中間人交接孩子。四週後，中間人不知怎麼的突然變成大衛，而我也開始意識到，自己根本無法真正扶養這個孩子。我漸漸失去耐心，但其實我也知道他們為什麼會這樣對我，因為我過去某些行為（包括吸毒）實在是太脫序了，**該來的總是會來**。

某天我開車載潔姬前往指定地點把她交給大衛。她突然開口問：「爸爸，西佬（spic）是什麼意思？」

我簡直不敢相信自己的耳朵，便問她：「為什麼妳會這樣問？」

說實在的，其實我不在意別人叫我西班牙佬，畢竟我是在一九七〇年代的澤西市長大，大家都是這樣稱呼我的。但潔姬才四歲，她不僅從沒離開過博爾德市，看起來也一點都不像西班牙人。她到底是從哪裡聽到這個詞的？

「每次你打來，大衛都會說你是『西佬』。」

我把車停在喜互惠超市停車場，轉頭告訴潔姬不要下車，接著便獨自去找大衛。

「有件事我想搞清楚，你是不是每次接到我的電話後都會叫我『西佬』？」

只見他神色慌張，揚言要報警。我心想，如果他真的要報警，那我不如趁這個機會成全他，接著就朝他臉上狠狠揍了兩拳。如果我因為打了這個爛人而再次被關進監獄，那也是我心甘情願的決定。

警察很快就趕到現場，我認識其中一名員警，幾年前我以詹姆士·史密斯的身分在愛滋中心做社區服務時，他正好在那裡擔任警衛。當時我已經做好了被逮捕的心理準備，畢竟我確實揍了大衛，沒想到他只是給我倆各開了一張罰單，要求我們上法庭解決。

自從我出獄後，我就一直都有寫信給負責我案子的那位法官（他現在專門審理民事案件），目的是讓他知道我的近況，並感謝他給了我第二次機會，這個習慣持續了好幾年。當他看見我和大衛因為民事糾紛走進他的法庭時，立刻就駁回了大衛的訴訟。

離開法院後，我立刻向凱西飆罵。我對她已經夠有耐心了，現在該給她點顏色瞧瞧了。我對她怒吼（真的是超大聲那種）：「幹，這四年來妳一直在扯我後腿，但我根本沒有做對不起妳的事！噢，對了，妳有沒有告訴大衛妳最喜歡叫人往妳菊花裡塞紅蘿蔔？妳有說過嗎？大衛，你知道凱西玩這麼大嗎？」

其實我根本沒有往她菊花裡塞過紅蘿蔔，但我總得說一些能傷害她的話。我像發了瘋似的朝他們大吼大叫，期間我一直在心中告訴自己：「這一切都是一場笑話，一齣荒腔走板的鬧劇。」

離開他們後，我心裡很清楚一切都結束了，無論是我、他們或潔姬都不能再繼續過這種生活。

荒唐老爸必須離開

潔姬變得越來越容易受人影響，她漸漸開始相信那對狗男女對她說的話。有天我看到潔姬騎著腳踏車從我身邊呼嘯而過，接著我便在後面緊追不捨，等我終於趕上她，她卻直接朝著我臉上吐了一口口水。

潔姬已經開始恨我了，我知道她不喜歡大人間的愛恨糾葛，她根本無法理解其中的原委，而無論我再怎麼努力，凱西和大衛也不會讓我當潔姬的父親。

我覺得在他們眼中，我只是個保母而已，而且還是他們一點都不信任的那種。總而言之，凱西和大衛就是不希望我當潔姬的爸爸。

我已經三十三歲了，除了永遠戒不掉的毒癮，還是個月光族，就連份穩定的工作都沒有。我很想當個稱職的爸爸，但父親這個角色並不是靠想像的就能當得成。我捫心自問，到底怎樣做對潔姬才是最好的，如果維持現狀，事情的走向會變好嗎？還是只會變得更差？

我很清楚，繼續待在這裡只會讓情況變得更糟。我考慮了很久才做出這個決定，這對我來說也很不容易，我只希望潔姬能健康快樂的成長，但目前的情況卻與此背道而馳。

我知道凱西會用盡各種辦法毀掉我的生活，進而毀掉所有人的生活，特別是潔姬的。

我開始認真思考自己離開後，事情是否會有轉機，以及離開後我該去哪裡。我在表演期間認識了一個叫做德文（Devin）的西雅圖女孩，西雅圖是國內喜劇重鎮，如果能在那裡磨練磨練，對我一定大有助益。

有鑑於此，我開始評估搬到那邊生活的可行性，我當然不是打算永遠離開博爾德；然而，在我告訴凱西自己將前往西雅圖待幾個月時，我的內心深處其實已經知道自己再也不會再回來了。

最後一次和潔姬見面時，她知道我要離開這裡，去實現自己的單口喜劇演員夢了。我們給彼此最後一個擁抱，兩個人都感到相當難過。離開潔姬是個讓人心碎但正確的決定，她不應該在這樣一個荒唐老爸的身邊成長，更何況還有凱西跟大衛在一旁搗亂。

潔姬應該過著正常的童年，她的生活中不應該出現爭吵和混亂，想實現這樣的童年，我就必須徹底消失。

第十九章

那些狗屁倒灶的事

我抱著異常焦慮的心情再次回到喜劇量販店，
雖然緊張到想哭，但這種感受卻……出乎意料的好，
因為我的人生現在終於有值得期待的目標了。
我把自己所有狗屁倒灶的醜事和經歷過的痛苦都說出來了，
我把一切的能量都轉化成一場最完美的表演。

我還記得第一次走進西雅圖的喜劇基地（Comedy Underground）時，雙眼投射出的崇敬光芒。站在喜劇基地門口，光是想到這扇門後有無數機會在等我，我就感覺到心情輕鬆了許多，多少也緩解了一些離開潔姬的痛。

我在西雅圖認識了一個戴著紅襪隊棒球帽的年輕人，喬許・沃爾夫（Josh Wolf）和我一樣來自東岸。他算是我在西雅圖的導遊，帶著我認識當地的風土民情。

西雅圖人都喜歡看喜劇，我每晚都能跟喬許和一些新人（例如米契・海伯格〔Mitch Hedberg〕、布羅迪・史蒂文斯〔Brody Stevens〕）登臺表演兩次，一週七天從不間斷。其實我一開始的表現不盡理想，有好幾次都把場子搞冷了，在臺上說一堆觀眾都不愛聽的黃色笑話，或是段子串連得不夠流暢，要不就是整個人的狀態不對；但我會利用每次登臺的機會練習，提升自己的表演技巧。

我連同志酒吧的場子也接（前提是我必須在籠子裡表演），在西雅圖那段期間，我跑遍了當地所有能表演的場地。有名喜劇演員看不慣我的行徑，甚至揚言要出手教訓我，但我根本不鳥他。

沒錯，我的確是為了搶表演機會不擇手段的那種人，所以一直無法融入當地喜劇圈。即便如此，我還是受邀參加喜劇界無人不知的西雅圖喜劇大賽[1]。我記得那屆參賽者大約有六十人，每一位的表現都可圈可點，最後我拿到第六名，排在大名鼎鼎的演員愛莎・泰勒（Aisha Tyler）之後。那是我職業生涯中的一大亮點。

某天晚上，當我結束喜劇基地的表演後，一名男子跑來問我有沒有上過表演課。他說：「我覺得你自帶戲感，是個天生的演員。」

我有點驚訝，於是反問他：「真的嗎？但我從沒演過戲。」

「我正在為哥倫比亞廣播公司製作一檔電視劇，我覺得你很適合其中一個角色。」

他把聯絡方式留給我，並請我寄一段試鏡影片給他。他的辦公室在洛杉磯，剛好我也覺得洛杉磯是個不錯的地方，於是寄了一捲錄影帶，並和他保持聯繫。

喜劇界大聯盟：洛杉磯

有次道格．史坦霍普來到西雅圖表演，我曾在錄影帶上看過他的演出，他在舞臺上的表現只能用出神入化來形容，讓我情不自禁流下眼淚。看完他的表演錄影帶後，我打電話取消了隔天的演出，並認真考慮從此不再碰喜劇。因為我知道自己這輩子都達不到他的境界。誰能料到一年後，現已成為國內當紅喜劇演員的史坦霍普，居然會指定我替他開場。

他對我說：「聽說博爾德那邊出了個特別會搞笑的大胖子。」

我多希望自己就是他口中那個特別搞笑的胖子；史坦霍普就是喜劇之神，我現在居然能幫他暖場，這根本就是美夢成真。表演結束後，史坦霍普問我打算何時搬到洛杉磯。

我說：「靠，我從沒打算搬到那邊去啊，我功力還太淺。」

「相信我，老兄，洛杉磯正需要你這樣的人才跟表演風格，而且那邊的拉丁移民也漸漸壯大起來了。」

「但我的喜劇表演資歷只有幾年而已……」

他反問我：「騙你我有錢拿嗎？你的實力可以打趴那邊半數的喜劇演員，你再想想吧，如果你決定到洛杉磯闖一闖，記得打給我。」

史坦霍普相信我的實力，而我也漸漸開始相信自己。

和史坦霍普聊完沒多久，我就立刻接到那名電視製作人的電話，告訴我電視臺通過試播提案，而且指定要由我演出，一切就像命中注定。電視劇幾個禮拜後就要開機了，所以我必須趕緊前往洛杉磯。

一九九七年一月底，我開著車、載著我的女友德文踏上洛杉磯之旅。我們的關係時好時壞，但在決定去洛杉磯前我倆正打得火熱，也已經做好心理準備，要在洛杉磯幹出一番成績（不過我心裡還是有些忐忑）。

1 編按：Seattle International Comedy Competition，自一九八〇年以來每年都會舉辦。

在過去，如果有人問我三十五歲的人生會是什麼樣子，我一定會回答對方：「不是在坐牢就是死了。」在幹了這麼多壞事後，**我從沒妄想過自己會有出人頭地的一天**，但我現在正在高速駛向全國最大的喜劇聖地（心裡緊張得半死）。

洛杉磯就像喜劇界的大聯盟，但我不是一名合格的球員，我的犯罪紀錄簡直罄竹難書。有次我偶然讀到一篇關於演員提姆．艾倫（Tim Allen）的文章，上面說到他曾因攜帶古柯鹼入獄，但出獄後卻洗心革面，成為炙手可熱的影視明星。即便他曾因販毒而被定罪，但還是登上了迪士尼（Disney）旗下的ＡＢＣ（美國廣播公司）；我心想，說不定自己也能效仿提姆．艾倫。

我下定決心，絕對不在他人面前提及自己的過去，他們沒必要知道我的黑歷史。如果他們最後還是發現了，那也無所謂；總之我不會輕易說出自己的祕密。

事實證明，我能有今天的成就，絕大部分都要歸功於洛杉磯這塊寶地。抵達好萊塢後，我將車開到費爾法克斯與好萊塢大道一帶，找了間墨西哥料理吃到飽餐廳。酒足飯飽後，我們前往所有喜劇演員（尤其是我）的夢想之地：喜劇量販店。所有鍾情於喜劇表演的演員都想在這裡登臺演出，這裡也是我的偶像李察．普瑞爾、安德魯．戴斯．克萊和薩姆．基尼森（Sam Kinison）一戰成名的地方。站在喜劇量販店的大門前，我覺得自己就像個仰望著糖果店的小孩，而我在這裡遇到的第一個人就是艾迪．葛瑞芬（Eddie Griffin）。

我走上前去和他握手，興奮的說道：「我叫喬伊，是你的忠實粉絲。」

他握了握我的手，並說：「很高興認識你，喬伊。」

我說：「我是喜劇演員。我是說我的目標是成為喜劇演員，沒想到竟然能在這裡遇見圈內的前輩！」

「如果你想成為喜劇演員的話，那你算是來對地方了。」

我們閒聊了一會，他向我引薦了一個叫做唐・巴里斯（Don Barris）的人，沒想到他當天晚上就幫我安排了一場三分鐘的表演。我決定把握這次機會，徹底豁出去，於是便說出這樣的開場白：「最近我一直想幹掉我前妻……」

我的表演博得滿堂彩，觀眾都笑得人仰馬翻，在喜劇量販店初次表演和在喜劇工廠首度登臺不太一樣，那種頭腦充血的快感更加強烈。我剛剛居然站上了喜劇量販店的舞臺！

我覺得洛杉磯人愛死我了，而我也打算在這裡迎接所有挑戰，並探索自己的喜劇之道。而且表現得可圈可點，所有恐懼頓時煙消雲散。

結束在喜劇量販店的處女秀後，我內心隱約有一種感覺，那就是自己會在洛杉磯待上很長很長一段時間。事實也證明，我的預感沒有錯。

還住在科羅拉多那陣子，我總是利用晚上時間**把自己的目標寫在筆記本上**，並在報紙上圈選能提供表演機會的喜劇俱樂部。回首那段時光，我發現自己的**夢想都一一實現了**。

閉上嘴巴、打開耳朵

表演結束後，我和德文在喜劇量販店待了十五分鐘便決定要離開，因為我必須找個地方沉澱一下自己的思緒。就在我們準備離開時，有人建議我去試試歡笑工廠（The Laugh Factory）的開放麥選秀。

開放麥選秀進行方式如下：我必須在早上八點抵達現場領取號碼牌，並在原地待上一整天，等待叫號。假設我有幸被翻牌，就能表演幾個原創的段子。又假設歡笑工廠的主辦人員喜歡我的段子，我就能獲得在俱樂部秀本領（showcase）的機會，秀本領基本上就和一般正式的喜劇表演差不多，俱樂部會根據喜劇演員的本事或名聲（或兩者）事先和對方預定表演檔期。

我的目標是成為喜劇量販店的固定班底，但我聽說有些人等了好幾年才擠進演出名單，於是便先將目光轉向歡笑工廠的開放麥選秀。

隔天我起了個大早前往歡笑工廠，殊不知自己即將成為好萊塢權力遊戲的犧牲者。現場擠滿一大票和我一樣想成名的喜劇演員（大約有三、四十人），接著我們必須頂著烈日在原地等工作人員叫號。

有些已經成名的喜劇演員會照顧新人，他們會刻意開車經過選秀場地，為等待的人提供礦泉水、麵包之類的補給品。這種提攜後輩的做法我覺得很棒，我特別喜歡聽到喜劇演員互相扶持的事蹟。

那次在外面等到內褲都濕透的經歷，讓我學到兩個寶貴的教訓：第一，喜劇演員選秀就是一場權力角力戰，如果我想成名，就必須適應這種模式；第二就是確保自己的言行舉止像個喜劇演員，也就是把嘴巴閉緊。

在澤西市生活時，所有人都知道閉上嘴巴、打開耳朵的生存法則；比起喋喋不休，**觀察、傾聽和學習**更重要。我當時就已經領悟到「沒人有興趣聽你說話」的道理，這一點套用在喜劇界更加貼切。

參加海選那天，現場來了一個超級煩人的傢伙。這個人從開始到結束嘴巴都沒閉起來過，一直在吹噓自己認識多少人，擺出一副萬事通的樣子。我根本就不知道他是誰，只知道他的聲音聽起來超刺耳。

工作人員終於叫到我的號碼，並給我三分鐘的時間表演（最多三分鐘），旁邊的鋼琴伴奏會根據現場狀況提示我閉嘴下臺。我覺得自己表現不錯，不僅把屎尿屁風格堅持到底，還以個人性生活為基礎，講了許多（我覺得）觀眾能感同身受的葷段子。

當天臺下的觀眾大約有二十人，在我印象中，那三分鐘所有人都被我逗笑了。根據海選規則，工作人員會在所有人都表演完後才開始評價環節，並通知參與者他們是否能再回來秀本領。

等待期間，我聽見工作人員說，叫「那個來自博爾德的搞笑胖子」上臺，我無論如何都要看他表演，這個男人真的很猛，天生自帶喜感。他一開口就讓全場笑翻，因為他的聲音就和老鼠一樣小，和他的體型形成強烈的反差。

後來工作人員再次點到我的名字，我以為他們肯定是要稱讚我的表現。

對方問我：「你為什麼要來參加海選？」

我說：「因為我想成為喜劇演員。」

「你不是喜劇演員，你適合在夜總會表演。」

我看著他，一句話都沒說。

他低頭看著筆記本說道：「我建議你去拉斯維加斯，找份夜總會表演的工作。」發表完這句評論後，他抬起頭看著我說：「你不是當喜劇演員的料，但還是祝你成功。」

我整個人僵在原地，覺得自己的喜劇之路就這樣戛然而止了。

我打電話給史坦霍普，告訴他海選發生的事。

他說：「他根本就是白痴，看看在他俱樂部裡表演的那些咖，你根本沒必要屈就在那種地方。可可，你很聰明，而且是個超有天分的喜劇演員。」

媽的，你一定會成功！

由於我在喜劇量販店的表現不俗，再加上史坦霍普的鼓勵，我決定堅持到底。想成為喜劇量販店的固定班底只有一個條件：讓米茲・蕭爾（Mitzi Shore）[2]覺得你夠搞笑。米茲・蕭爾是喜劇量販店的大老闆，也是俱樂部裡講話最有分量的人物。如果我能在她面前秀本領並獲得青睞，那我就能成為喜劇量販店的正式演員。

然而，要在她面前表演可沒這麼容易，全洛杉磯的經紀人都想把自己旗下的演員送到她眼前。還有一點，那就是如果米茲不喜歡你的表演，那你的喜劇生涯就算徹底結束了。經過一番考慮後，我覺得這招值得一試。

我問史坦霍普：「你覺得我的計畫如何？你能幫我安排在她面前演出的機會嗎？」

史坦霍普跟門西亞都答應要幫我試試，除此之外，我在這段期間還認識了自己的偶像里克・杜科蒙（還在科羅拉多奮鬥時，我就以和他同臺表演為目標），而他也表示願意幫我打幾通電話。終於，我家的電話響起了。

來電的人問道：「請問你是……可可・狄亞茲嗎？」

---

2 編按：與丈夫山米・蕭爾（Sammy Shore）一同創辦喜劇量販店。

「沒錯，我就是可可。」

「你好，我是喜劇量販店的工作人員，專門負責預定演員檔期的業務。我聽到不少喜劇演員提到你的名字，他們叫我一定要安排你來我們這裡秀本領，那我就把你排進去囉。」

「靠，你是說真的嗎？」

「但你必須等六到八個月才能上臺，不過我能保證你一定可以登臺。」

「太感謝你了，大恩大德沒齒難忘，我會做好準備的！」

在等待的這段期間，我無時無刻都在精進自己的技巧。

與此同時，為了賺錢，我還幹起了賣雪茄的生意。雪茄在當時可是最流行的東西，大家都在抽，也有不少人在販售。

光是靠著這份兼職（而且只有白天做幾個小時，晚上是我練習單口喜劇的時間），我一星期就能賺進大約九百塊。

無論是咖啡廳、可以即興表演的場所、酒吧，只要現場有開放大家使用的麥克風，我就會站上去為在場的觀眾表演。我會汰除掉讓人笑不出來的段子，如果某個笑話反應不錯，我就會稍微調整內容，並在另一個場子再講一次，看看會不會更好笑（或難笑），並將所有細節都記錄在筆記本上。

除此之外，我也經常到笑話量販店報到，讓大家熟悉我的面孔。雖然我的表演都是不收費的，但我依舊混得風生水起。

在埋頭苦幹了好幾週後，我終於收到喜劇量販店的通知，告訴我秀本領的日期已經敲定了。我二話不說立刻翻開筆記本，從我在洛杉磯練習過的所有素材中淬煉出最精華的三分鐘表演。到了表演當天，艾迪．葛瑞芬刻意坐在米茲旁邊，確保沒有人會在我表演期間打擾到她，我們的目的是要讓她全神貫注看我搞笑。

我這輩子從來沒有這麼緊張過，表演開始前，我還特地跑到廁所的鏡子前給自己加油打氣，並對自己說：「媽的，喬伊，你一定能成功！你一定會成功！」

我很清楚如果米茲笑不出來，那我就只能打包行李，放棄自己的夢想，滾回博爾德。但我想自己更有可能會回到北伯根，在那邊瘋狂吸白粉，直到自己翹掉為止。這是我唯一的機會，我絕對不能搞砸。

「歡迎喬伊．『可可』．狄亞茲！」當我聽見主持人喊出自己的名字，我就像是被催眠了一樣，進入一個截然不同的狀態。我已經想不起來當天具體說了哪些段子（就和我在喜劇工廠第一次的表演一樣），只知道耳邊不斷聽見笑聲，而我也在觀眾的刺激下更賣力的搞笑。走下舞臺後，我朝米茲的座位走去，並發自內心的感謝她願意給我秀本領的機會，我說：「謝謝妳給我一個上臺表演的機會，能在這裡演出是我的榮幸。」

米茲問我：「你能撐十分鐘嗎？」

「蛤？」

她又問了我一次：「十分鐘……你能一次表演十分鐘嗎？」

「可以！可以！當然可以……」

「下週日見。」

這真是天大的好消息，米茲喜歡我的喜劇！回到家後我立刻拿出筆記本，開始設計下星期的十分鐘個人秀。我把自己最厲害的段子通通搬了出來，其中包括我在科羅拉多州和某個單腳炮友的趣事。最後我弄出了一段史上最髒的表演，但又覺得內容不夠忠於自我。

到了下個週日（也是我三十四歲生日），我抱著異常焦慮的心情再次回到喜劇量販店，雖然緊張到想哭，但這種感受卻……出乎意料的好，因為**我的人生現在終於有值得期待的目標了**。我走上舞臺，把準備好的十分鐘表演毫無保留地呈現給觀眾。

「嗑了藥的人常常會做出一些詭異的事……」

我把自己所有狗屁倒灶的醜事和經歷過的痛苦都說出來了，我把一切的能量都轉化成一場最完美的表演，在舞臺上大放異彩。走下舞臺後，米茲看了我一眼，並對我點了點頭說道：「你以後就固定在喜劇量販店表演吧。」那一刻我簡直不敢相信自己聽到了什麼。

她接著說：「你很幽默，我覺得你應該穿上尿布，然後把藝名改成『胖寶寶』。」

哈！看來米茲偶爾也是會講出一些爛梗的，但無所謂了，因為我現在實在是太興奮了。

古柯鹼根本不影響喜劇

喜劇量販店不只改變了我的人生，還是我整個職業生涯（和愛情）的起點。在這裡獲得一席之地讓我對自己充滿自信，當時洛杉磯所有喜劇大師都在此表演，而且他們也都相當歡迎我這個新人。

我開始瘋狂學習並觀察其他喜劇演員，只要一有機會，我就會到現場觀摩其他人的表演，並用紙筆記錄重點。過去的我只是喜歡喜劇，現在的我則是徹底愛上喜劇，我會用崇敬的態度對待這件事。對我而言，喜劇就像是一種宗教信仰。

在準備錄製試播節目期間，我告訴洛杉磯所有欣賞我的俱樂部老闆，表示只要他們有需要，自己隨時都可以過去表演。我參演的電視影集名叫《布朗克斯警界風雲》（*Bronx County*），是CBS為了對抗《紐約重案組》（*NYPD Blue*）所推出的作品。《布朗克斯警界風雲》的所有工作人員和演員都覺得這部影集一定會大受歡迎，但事實證明我們都錯了，CBS高層最後根本沒相中這部劇。

這個消息確實讓我感到難過，但老實說，我根本不是當演員的料。我的演員之路之所以會走得這麼不順，原因很簡單：我沒有演戲的經驗。我簡直就是片場小白，我記得進棚錄影第一天，工作人員叫我到定位點站好，但我根本不知道這句話是什麼意思。我心想，我們現在是在錄影集還是在賽跑？

所有人都用超雞巴詭異的眼神看著我，幾天後，他們對待我的態度就變了，我可以明確感受到事情有些不對勁，我的臺詞被越改越短，從原本的四頁被砍到只剩下兩句話（我飾演的角色是一名酒保）。

我知道自己如果真的想跨足戲劇圈，就必須先**把基本功練好**，於是報名了當地的表演班，還找了一位經紀人（他會叫我去參加一些廣告試鏡）。我完全不敢讓人知道我對演戲一竅不通，因為我覺得這是件很丟臉的事，所以從沒向旁人提及此事，只是一個人默默去上課，就像最初練習喜劇表演一樣。

我甚至還加入了山達基教[3]的免費表演班，其實課程還算不錯，但最後他們總是會說你皈依。老師每上一小時表演課，就會傳教一小時，這些白痴還以為我會乖乖被他們洗腦。課程結束後，他們發給學員一張問卷，想知道我們還願不願意再來上課，我刻意填了許多假答案，例如性取向那欄我填了男同性戀，那堂課結束後我就再也沒有去了。

那年國慶日週末，我終於接到了第一隻全國性廣告，業主是塔可鐘（Taco Bell），此時距離我來到洛杉磯已過了好幾個月（但我的演技絲毫沒有任何長進）。說真的，我也不是很清楚為什麼他們想找我，可能是因為我看起來很喜歡吃墨西哥捲餅吧。塔可鐘預計在三天內拍攝三支廣告，但我抵達片場才發現有我的那支廣告已經被抽掉了。工作人員叫我待在片場不要走，因為接下來說不定會有能用到我地方。

我在片場待了幾天，其中一天中午，我和幾名工作人員（包括導演）一起吃午餐閒聊。事後導演把我叫到一旁，並對我說：「今天吃午飯時你差點沒把我笑死，你待會就跟在我身邊，我會想辦法讓你入鏡。」

他確實拍了一顆我的鏡頭，場景如下：我坐在椅子上一邊看報紙一邊享受擦鞋服務，然後塔可鐘的廣告明星吉娃娃從我腳邊跑過，就這樣。在電視上看到自己已經很爽了，但更爽的還在後頭，那就是廣告酬勞！

我收到的第一張支票是兩千元，後來他們還寄了好幾張過來，搞得我根本就沒時間去兌換。這筆收入不僅讓我還清了債務，還助長了我的毒癮。是的，我還沒戒毒。

我又過上一週連嗨七天的生活，但此時我已經坦然接受自己有毒癮的事實，再也不會因此感到難過，也拒絕再陷入戒了又吸、吸完還戒的無限循環。這次我決定讓自己徹底放縱，不再告訴自己該做什麼，或是不該做什麼。我就是鐵了心要繼續吸毒，而且在我看來，古柯鹼根本不會影響我的喜劇表演，我現在可是喜劇界的大紅人。

3　編按：飽受爭議的新興宗教，最知名的信徒為湯姆．克魯斯（Tom Cruise）。

第二十章

愛情・喜劇

我把身上僅有的十塊錢紙鈔掏出來並告訴特瑞：

「說出來真丟臉，但我實在不知道哪裡有能

花十塊錢就吃到午餐的地方。」

我感覺自己的男性尊嚴瞬間掃地。

她想都沒想就說：「你先進來，我煮就好。」

我在心中暗暗承諾自己：「我一定要為了她振作起來。」

喬・羅根（Joe Rogan）[1]是我在洛杉磯交到的第一批圈內朋友之一，我倆一見如故。喬從來沒有犯過罪，也不碰毒品，甚至連酒醉的經驗都沒有，我根本不知道他為什麼會想和我交朋友，我覺得應該是出於喜劇演員惺惺相惜的心態吧。

喬經常光臨喜劇量販店，只要他一來，我們就會拱他上臺，告訴觀眾他就是情境喜劇《紐約新聞電臺時段》（*NewsRadio*）裡的演員。一天晚上，我們坐在一起閒聊，我提到自己對影視表演很感興趣。

我問喬：「我能不能去看看《紐約新聞電臺時段》的錄影現場？」

他說：「當然可以，我會想辦法幫你弄幾張門票。」

這是我頭一回參加現場錄製的情境喜劇，我只能用驚為天人來形容這次初體驗。我第一次是坐在觀眾席上欣賞他們的表演，但到了第二次，喬就帶著我參觀他的休息拖車，還向我引見了後臺的劇組人員。

身為一名花錢如流水的喜劇演員，我永遠都處於飢餓狀態，因此看到片場提供的食物時，我簡直不敢相信自己的眼睛。在吃慣了窮鬼午餐（九十九美分的溫蒂漢堡加九十九美分的辣肉醬加汽水）的我看來，不把《紐約新聞電臺時段》的後臺吃垮根本是對不起自己。

1 編按：美國喜劇演員、全球知名播客主持人。

我抓起餅乾瘋狂往嘴裡塞，當餘光看到旁邊還擺著一盤鮮蝦沙拉時，我立刻轉移陣地，一條接一條把牠們都吞下肚。

拍攝結束後，喬對我說：「我今天快被你笑死了，大家都怕你怕得要死，所有人在討論有個穿皮外套的男人把整盤蝦子嗑光。我就喜歡你這樣真性情。」

一般的名人如果邀請到像我這樣的朋友，一定會覺得很尷尬，因為那天我的吃相超級難看，但喬可不是一般人。他不僅覺得我很有趣，還邀請我去了第二次。

我很喜歡跟喬相處，因為他的職業道德感很強。喬永遠都在工作，無論他變得多紅、收入變多高，或是行程排多滿，他都會在週五晚上到喜劇量販店報到並上臺表演（一場收入十五元）。

除此之外，我還喜歡他的誠實跟正直，他是那種有話直說的人。我記得有次我因為沒有做好準備，所以觀眾都聽不懂我的笑話，整個場子（喜劇量販店）瞬間冷掉，最後居然對臺下的觀眾說：「你們也幫幫忙，笑一下好嗎？」

誰知道喬居然對我喊道：「你才幫幫忙咧！」

這次事件算是點醒了我，讓我從此以後都**把每次表演當成第一次登臺**，務必把最好的一面呈現給觀眾。我可是在聞名遐邇的喜劇量販店表演，能在此登臺完全是祖上有保佑。

瑪莉蓮・馬汀尼茲（Marilyn Martinez）是我在洛杉磯認識的另一個朋友，她也是喜劇量販店的固定演員。我最喜歡瑪莉蓮那種不畏世俗眼光的個性，她的段子超髒，但她總是會用最理直氣壯的態度說出來。

我之所以在臺上什麼都敢講，就是因為受到瑪莉蓮的啟發。

「我在整馬修・麥康納！」

我剛到洛杉磯時生活過得並不穩定，多虧了這幫朋友的幫助，我才能堅持下去。不知道你們還記不記得，當初我是和女友德文一起搬到洛杉磯的。現在來介紹一下德文這個人好了：德文是脫衣舞孃，老家在密西根，長相酷似《摩登褓姆》（*Weird Science*）的女主角凱莉・勒布洛克（Kelly LeBrock），是個集美貌、貼心和聰明才智於一身的人。德文是個很複雜的人，她的成長經歷過充滿波折（細節我就不說了），進而影響了她成年後的生活（和我一樣）。

德文在全國各地都有客戶，他們會付錢請她做各種令人瞠目結舌的表演，例如有次有人付了兩萬五千元讓她放火燒自己的下體（沒錯，就是這麼瘋狂）。德文走的是性感御姐風，這點從來都沒變過。時至今日，我仍折服於她的女王風範。

第一次遇見德文時，她正好跟男友鬧翻，於是我們便呼了一整晚的麻，暢聊彼此的感情事。我一眼就看出她絕非善類，我可以感覺得出來，但這並不妨礙我們成為朋友。最後德文甩了她男友，並開始和我約會，但我們的關係還有一個阻礙，就是包養她的金主。雖然我跟她的金主爸爸只起過一次爭執，但他的存在對我們來說絕對不是什麼好事。

德文很支持我的喜劇事業，而且是無條件的支持。她是我最大的粉絲，只要時間允許，就一定會來看我表演，不管我講得再爛，她都會用笑聲鼓勵我。德文是一個熱情洋溢的女子，我之前就跟你們說過，當一切都好的時候，我們的關係就像乾柴碰上烈火。

可一旦吵架了，兩人的關係也會瞬間降到冰點。

我們只要一吵架就會沒完沒了，尤其是到了洛杉磯後，我倆爭吵的時間就開始漸漸多過甜蜜的時間。除此之外，我們也陷入分手與復合的循環（週期大約是兩個禮拜）。

我知道自己該和德文分手，但我就是無法離開她。我們兩個都是爛人，根本不適合在一起，現在我只是在等一個理由。

當時開的車是一個朋友的朋友借我的（他出國了），車子的行照很快就過期了，而我也沒辦法更新，便不斷因為這件事吃上罰單（數量挺驚人的，但我都沒有繳）。後來史坦霍普和喬許也搬到洛杉磯定居，我經常會去他們家借宿，所以在車上睡覺的頻率漸漸變低。除了去朋友家過夜，我偶爾也會去住旅館；此外，如果我和德文沒有吵架，我也會去她家睡覺。

和德文在一起的最後一天，我倆大吵了一架。衝出她家大門後，我赫然發現裝著我所有家當的車子被拖走了，也就是說我的衣服、試鏡照、喜劇錄影帶、拳擊手套都沒了，這就是我死不繳罰單的報應。我現在一無所有，唯一的財產就是身上的衣服，所以非得想個辦法把車弄回來。

我走回德文的租屋處，請她開車載我到好萊塢的車輛扣押所領車；然而，那裡的工作人員卻說只有處理好登記手續我才能把車開走。由於我根本沒辦法辦車輛登記，加上他也不願通融，我只好把車留在扣押所（此後我再也沒看過這臺車），帶著滿肚子怒氣離開。

在我發現車子被拖走前，我才和德文去了一趟超市，買了好多東西，包括一盒馬鈴薯燉牛肉；開車離開扣押所後，我倆又在車上吵了起來。這次我們吵得特別激烈，德文甚至還特地停下車，走下駕駛座和我在大街上互相飆罵。我其實已經不記得我們是為了什麼起爭執，可能只是因為一些雞毛蒜皮的小事，也可能是因為這段期間的所有事。

我只記得自己把牛肉端在手上準備往她身上砸過去，而她也拿出辣椒水作勢要噴我。當我回過神來發現自己站在大馬路旁，兩隻手都沾滿醬汁時，我就知道是時候永遠結束這段關係了。

不久後，我開始在北加德納街一千四百號上的一棟公寓中借宿，這間公寓只有三層樓，總共也才十二間房，裡面住的都是一些我認識的喜劇演員，史坦霍普也住在這裡。在一九九九年，這一帶可以說是全好萊塢最星光熠熠的區域，也就是大家口中的古典好萊塢。棒球明星喬・迪馬喬（Joe DiMaggio）就是在這裡的某間花店買花送給瑪麗蓮・夢露（Marilyn Monroe），知名的吉他中心和落日燒烤店也都位於這一帶，只要走路就能到達。

好萊塢美景公寓和山嶺美景公寓就位在幾個街區以外，那裡同樣也是喜劇演員的聚集區，喬許、米契・海伯格、尼克・德帕羅（Nick Di Paolo）、西恩・勞斯（Sean Rouse）、拉菲・梅（Ralphie May）都選擇落腳此處。後來我、拉菲，以及另外兩名喜劇演員在北加德納街租了間單人套房，生活過得超級歡樂。拉菲當時體重應該有兩百七十公斤，所以只能睡在床上，我跟另外三人則每晚都打地鋪睡覺。

那段時光是我人生中最快樂的日子，加德納街前方正好就是永遠人聲鼎沸的兄弟餐酒館（El Compadre，專賣墨西哥食物），在全盛時期，我們甚至租下了街上某間公寓半數以上的房間。

我們這群朋友除了喜劇演員，也有實境秀節目製作人、編劇，還有小提琴演奏家。由於大家都是剛踏進演藝圈，年紀也都不大，所以我們在一起幹了許多瘋狂的事情。

加德納街旁還有一排平房，平房後方有一棟室內停車場，不少名人都會把車停在這裡，馬修・麥康納（Matthew McConaughey）還是個沒沒無聞的演員時就住在這一區。

馬修走紅之後便搬進好萊塢山居住，卻還是把車停在原來那棟室內停車場，和我們的車當鄰居。

有天我走進公寓，看見拉菲趴在地上，時不時望向窗外。

我一邊笑一邊問他：「喂，你在幹麼？」

「我在整馬修．麥康納！」

我望向窗外，看見馬修正打著赤膊、頂著烈日修車。

拉菲對我說：「準備好看戲。」只見他朝窗外大喊了一聲：「馬修．麥康納，你個大廢物！」接著立刻把頭低下。

我躲在窗後偷看，發現馬修正四處張望，想找出罵聲的來源。在被拉菲連續罵了整整一小時後，他最後終於爆炸了。

拉菲再次對著窗外罵道：「馬修．麥康納……我看了你演的《愛上新郎》（*Wedding Planner*），真的超級難看，把電影票錢還給我！」

馬修氣急敗壞的吼道：「夠了！你有膽就站出來當著我的面講。」

我和拉菲躲在公寓裡差點笑到點斷氣，接下來一整年，只要拉菲從窗戶看見馬修，就一定會向他隔空喊話，而馬修每次都會叫拉菲像個男人一樣和他當面對峙。最後拉菲終於鼓起勇氣現身，見了面後，他們非但沒有打起來，還發現兩人都來自德州，並開始稱兄道弟，最後還相約到我們的公寓呼麻。

雖然四個人擠在一個屋簷下確實很痛苦，但大家都對彼此都很有愛，我們每週會做四次家庭晚餐，並在用餐時暢聊各自的過去。我知道自己有很多瘋狂的故事可以分享，因為你們懂的，我幹過的荒唐事多到數不清。當我用最低級下流的方式講述這些事情時，我發現所有人都笑到眼淚直流。

就在那一刻，**我隱約感覺好像找到自己的表演風格了**。**雖然還是窮得要死，但至少我現在正在做自己這輩子最想做的事**，身邊還多了一群超可愛的雞巴損友，這是多少錢都買不到的。

我一定要為了她振作

一天晚上，我在喜劇量販店看見一個女服務生走下樓梯，她的名字叫特瑞，後來我才得知她在這裡工作已經有幾年了，但那天晚上是我第一次見到她。特瑞有一雙藍色的眼睛，我的目光根本離不開她美麗的臉龐，整個人呆若木雞，並告訴自己一定要去認識她。

在經歷過凱西和德文這兩段孽緣後，我壓根沒想過自己會再愛上任何人，甚至還暗自發誓絕不再認真對待感情。也就是說，我已經下定決心不再與人經營關係，也絕對不會再結婚，並用平常心看待泡妞這件事但特瑞卻讓我打破原則，雖然當時我一無所有，只有一個喜劇夢，但她還是願意給我機會。當時的她剛滿三十歲，並發誓從今以後要開始腳踏實地過日子，買了一臺新的錄放影機跟小貓（芬妮〔Finney〕），證明自己已經是個大人了。

特瑞來自田納西州，她從不吸毒，也不抽大麻，是個平凡純樸的女孩，來洛杉磯的目的是為了一圓自己的演員夢。當時我又開始過上在不同朋友家借宿的生活，偶爾還會在車上過夜（另一臺車，而且車主不是我）。

我第一次和特瑞說話時，就被她的口音給迷倒，從此再也無法自拔；除了口音，她可愛的舉動也令我感到瘋狂。特瑞和我認識的其他女孩不一樣，我知道自己不能像對待其他女生一樣對她，於是放慢腳步，先請她喝杯咖啡。結束第一次約會不久後，我又開口邀她和我共進午餐。

午餐約會當天，我身上只剩十塊錢，而且還沒車可開，只能徒步走一．五公里到她家找她。按下特瑞家門鈴的那一刻，我突然意識到自己什麼都不能給她，甚至不知道自己為什麼要嘗試追求這個女人，但我就是想試看看。

我把身上僅有的十塊錢紙鈔掏出來並告訴特瑞：「說出來真丟臉，但我實在不知道哪裡有能花十塊錢就吃到午餐的地方。」我感覺自己的男性尊嚴瞬間掃地。

她想都沒想就說：「你先進來，我煮就好。」

她做了一道好吃到爆的紅豆雞（chicken and red beans），你們應該聽過一句俗話：「想抓住一個男人的心，就要先征服他的胃。」就在那天，我徹底成為特瑞的俘虜。

從那天起，我就徹底愛上這個甜美可人的田納西女孩，我打算全心投入這段感情，所以前幾個禮拜我完全沒有做出任何踰矩的行為。

二〇〇〇年夏天，我接了一場表演，地點在亞利桑那州的哈瓦蘇湖城，但我根本沒錢支付路費。特瑞得知此事後便主動提出要載我去，但放心不下芬妮（這一點讓我更愛她），於是決定帶著牠一起出發。

整趟旅程狀況百出，先是芬尼被嚇到躲在剎車踏板下，導致我們差點出車禍，接著是車速錶故障，最後連擋風玻璃頂部的塑膠片都斷了，沿路不斷拍打著車頂；總之就是一波未平，一波又起。即使意外連連，整趟車程都還是充滿歡笑。當我坐在副駕駛座望著特瑞時，我在心中暗暗承諾自己：「我一定要為了她振作起來。」

從哈瓦蘇湖城回來後，我和特瑞就認定彼此了，我對她的愛意也是一天比一天濃。自從我長大成人後，就再也沒有人像特瑞一樣關心過我、愛我。

不久後，我收到來自紐約市的邀約，要我去表演一場單人秀。出發的前一晚，我和特瑞正在外面約會。分開前她問我：「你身上有旅費嗎？」我知道特瑞手頭也不寬裕，但對我卻異常大方。

我說：「噢，其實不太夠，不過沒關係，我會想辦法的。」

她立刻拿出錢包，把昨晚工作收到的現金通通交給我，還把剩下的香菸也塞到我手上。

她用力抱了我一下，並說：「旅途平安。」

雖然這只是一些小事，但我卻一直記到現在。特瑞是發自內心接受我這個人，接受我這個**擁有許多問題跟黑歷史，但又心地善良的男人**。她從來沒有要求我為她改變。

喜劇量販店明文規定員工不准談戀愛，所以我們是偷偷交往的，不過我很快就拎著一只行李袋搬進特瑞的公寓和她同居。當時我已經三十七歲了，但身上就連半件值錢的東西都沒有，直到我買了一臺電視機，名下才算擁有一樣財產。我之前接了一場表演，賺了五百元，便決定到凱馬特百貨（Kmart）買電視。我們最後挑了一臺超大的電視，大到根本塞不進後車廂，但無所謂，我們還是很開心，一直到今天，我們都還留著這臺電視。我之所以不願意丟掉這電視，是因為它是我倆交往後購買的第一件東西，在我眼中，這臺電視是我和特瑞感情穩定與成長的象徵。

特瑞很清楚我對婚姻的看法，所以從來沒有逼我給她個名分，她知道跟凱西離婚對我的打擊多大，也知道我可能永遠都無法從失去潔姬的傷痛中復原。特瑞會聽我傾訴心事，而且是發自內心的傾聽，我覺得自己可以跟她分享所有事情。

除了我的毒癮，這是唯一一件我沒有向她坦承的事。

喜劇・白粉・肥宅快樂水

特瑞是個單純的女孩，她是會喝酒沒錯，但她連大麻都沒碰過，更不可能接觸古柯鹼。後來我終於告訴她自己有抽大麻的習慣，並表示自己認為大麻具備精神療效，但我打死都不會讓她知道我的白粉小祕密。

和她出門約會時，我會趁著她喝酒偷偷吸白粉，她根本就沒注意到我在搞什麼鬼，只是覺得我可能是喝得太醉了。有時她也會感到納悶，不知道為什麼我表演賺來的錢一下就花光了，但大多時候她都不會繼續深究。

一天早上，她憂心忡忡的問我：「你知道你睡覺時會突然嗆到嗎？」

「嗆到是什麼意思？」

「就是你睡覺時好像會突然停止呼吸，然後發出嗆到的聲音，感覺有點恐怖，我覺得你最好去給醫生檢查一下。」

我知道自己的健康出了問題，但我真的很討厭看醫生，也懶得去跑那些繁瑣的流程。我每天都只睡兩小時，如果發現自己真的非多睡一點不可，就會來幾顆助眠膠囊（Tylenol PM，我一次大概要吞十顆才會有用）。由於睡眠嚴重不足，我無論在什麼地方都會不由自主的打起瞌睡，體重也開始以光速在增長，三個月內就胖了近十八公斤。

除此之外，我抽起菸來就像隔天就要死了一樣，每天少說都要抽兩到三包才夠，我因為太常叼著菸睡著，導致特瑞的沙發被我燒出了好幾個洞，失火也只是時間問題。想當然耳，我是絕對不可能運動的，光是爬三階樓梯就能把我搞得氣喘吁吁，所以只要特瑞公寓的電梯故障，我就會窩在家裡，直到他們把電梯修好才出門。

總而言之，我的生活就是由下列三項元素構成：喜劇、白粉、肥宅快樂水。

我知道必須為了自身健康改變生活方式，但偏偏我就是那種不見棺材不掉淚的人。有次我受邀到阿肯色州小石城的笑到麻痺俱樂部（The Funny Bone）演出，當我在下榻的旅館大廳等待專車來接我時，我又不小心睡著了，後來是一名好心人把我叫醒的。

在我努力讓自己恢復神智時，他對我說：「我不是故意要打擾你，我是一名醫師，我知道我們是素昧平生的陌生人，但我必須提醒你一件事，你一定要抽空去趟醫院處理睡眠呼吸中止症的問題，要不然你十天之內就會死掉。」

我回了一句「蛤」，一邊伸手接過他遞來的名片。

「我剛剛人在櫃檯，一聽見你的打呼聲，我就知道你可能會在睡夢中窒息身亡，所以一定要把你叫醒。現在有越來越多人患上睡眠呼吸中止症，而且這種病可是會要人命的。」

我坐在原地仔細思考他剛剛說的話，並想起特瑞之前跟我說的睡覺時會嗆到的症狀，以及自己最近的身體狀況。

我問他：「靠，我這是要死了嗎？」

他說：「你的膚色很蒼白，這點也可以證明我的猜測。」

「從現在開始你必須多喝水、戒酒，還要立刻找個醫生檢查身體。至於你剛剛提的問題，答案是肯定的，你會死。」

得知此事後，特瑞立刻叫我去預約門診，並開車載我到醫院。做完睡眠診斷後，醫生說我的睡眠呼吸中止症非常嚴重，完全應驗了小石城那位陌生醫生的話，我總有一天會在睡夢中窒息身亡。醫生給我開了一大堆藥物和維他命，還囑咐我睡覺時一定要戴上正壓呼吸器。直到今天我都還是必須帶著正壓呼吸器睡覺，得知自己隨時隨地都有可能撒手人寰的感覺在是太可怕了。

這可以說是我與死亡靠得最近的一次經歷，假設我當年真的翹辮子了，誰又能想到死因居然會是和毒品毫無關係的睡眠呼吸中止症？

我的健康開始好轉，而透過這件事我也發現，特瑞對我的關心程度遠超我的想像。她緊緊盯著每一個細節，把照顧我當成自己的使命，除了確認我有和醫生預約時間、在看診當天載我去醫院、提醒我吃藥、協助我使用那個鬼呼吸器，還要忍受我在睡覺時發出的噪音，上述每一件事都讓我感動得無以復加。

我越發堅定的相信特瑞就是對的人，就算有人拿全世界來交換，我也不會和她分手。

第二十一章

第一幕就被亂槍打死

我慢慢領悟一個道理，在洛杉磯奮鬥就像玩非法簽賭一樣，
只要堅持不懈，就一定會有中大獎的一天。
紐約首映會結束後，我認為自己終於一掃陰霾，
不用再為生活苦苦掙扎，並挑選喜歡的角色。
我可以確定這部電影將改變我的人生軌跡……
我一定會爆紅，哈哈！

我的第一部知名影視作品是一九九八年的《球球向前衝》（*BASEketball*），由特雷・帕克（Trey Parker）與麥特・史東（Matt Stone）領銜主演（這兩人也是動畫《南方公園》〔*South Park*〕的創作者）。

出演這部電影時，我的演技依然爛得像一坨屎，不僅記不住臺詞，也常常搞錯站位，活像個缺乏練習的素人演員。除了超爛的演技，當時我的體重大約有一百六十公斤，而且我壓根沒料到這個角色需要溜冰。

你能想像我這樣的大胖子穿上溜冰鞋的模樣嗎？沒錯，我也無法想像那個畫面……更慘的是，我已經有超過二十年沒有溜過冰了，但我安慰自己等拍攝溜冰戲時再去煩惱這件事就好。在這之前，我只要每天在片場耍廢、窩在拖車裡自嗨，並欣賞珍妮・麥卡錫（Jenny McCarthy）練習自由搏擊。

某天下班後，我揹著溜冰鞋離開片場，並走進路邊的當鋪，打算買件T恤。當我拿著衣服到櫃檯結帳時，腦中突然出現了一個邪惡的想法。

我問櫃檯的工作人員：「溜冰鞋你們收不收？」

他回我：「當然收啊，怎麼會不收。」

「我這裡有一雙全新的溜冰鞋，一次都沒穿過，市值三百塊。」我一邊說，一邊把鞋子放上櫃檯。

他檢查了一下鞋子的狀況，並說：「一百二十塊。」

我說了句「成交」，並將手伸出去等他付錢，真是得來全不費工夫。

片場準備了一大堆溜冰鞋，各種尺碼應有盡有，我只花了三個禮拜就把所有庫存都賣光。製作團隊的人都快瘋了，他們完全不知道為什麼鞋子會在一夜之間通通消失。

五個星期過去，他們還是沒打算拍攝我的戲分，此時我也不管了，便在某天晚上直接溜出片場吸毒，並一路嗨到早上八點才回家。根據合約，我每天九點前必須到片場報到，不過我心想自己可以和之前一樣在拖車裡睡一整天。好巧不巧，片場人員告訴我待會輪到我上場，此時我整個人ㄎㄧㄤ到爆，不僅眼睛布滿血絲、渾身散發濃濃的酒味，昨晚用的白粉也沒退，但他們卻挑在今天要拍我的戲，他媽的。

此時片場已經沒有我的尺碼的溜冰鞋了（已經被我賣光），但我硬是把腳塞進了小了一號半的鞋裡。拍攝期間我頻頻跌倒，搞到最後他們直接叫我把溜冰鞋脫了，總而言之，我的那場戲根本就是災難，也是我這輩子最丟臉的時刻。

結束當天工作回到家後，我心想他們絕對會把我的戲分都剪掉。看來這次我是徹底搞砸了，可沒想到半年後我突然接到一通電話，詢問我姓名的正確拼法，因為他們要把我的名字放在片尾名單裡，他們居然把那個片段留下來了。

《球球向前衝》是我這輩子參加過的第一場電影首映會，我沒有攜伴參加，全程都是一個人，但一直都有人跑過來和我握手。

我只記得當時我覺得一切都好不真實，所以只能機器式的應付所有人，但這種不真實的感覺跟老媽過世帶給我的感受又不太一樣，是種好到不真實的體驗。

當時的我腦中一直在想：「我不是真正的演員，我只是搞喜劇的。」但在這場首映會上，我就是演員。

我建議你趕緊退課

隔年，我參演的電視劇《黑道家族》（*The Sopranos*）上映且廣受好評，所有人都把我和同劇演員樊尚・帕斯托雷（Vincent Pastore）搞混（他在片中飾演的角色叫大普西〔Big Pussy〕），超級好笑。我甚至還接到胡安打來的電話，恭喜我拿下普西這個角色，他居然把帕斯托雷當成是我。總而言之，我因為長相酷似帕斯托雷，所以開始接到各式各樣的演出邀約。

我終於有機會磨練自己的演技，表演技巧也變得比以前更成熟。期間我換了好幾個經紀人，他們為我爭取到各式各樣的表演機會，例如喜劇節目《瘋電視》（*MADtv*），還有一大堆有線電視廣告。期間我也出演過特萊蒙多電視網（Telemundo）[1]的節目，但最後他們把我炒魷魚了，因為我的西班牙文太「街頭」。然而，我並沒有因此灰心喪志，我知道自己比過去優秀，也更有自信，現在的我再也不會犯一些菜鳥錯誤了

我曾報名參加冷讀（cold reading）[2]訓練班，我們班上有一個學員名叫克里斯蒂安．卡普蘭（Christian Kaplan），他當時是福克斯電視臺（Fox）最大牌的選角總監。我在訓練班學到了很多重要的原則，例如選角面試時絕對不要拍面試官的馬屁、一定要在幾分鐘內讓所有人對你刮目相看、務必讓人對你留下深刻印象等。

在米茲．蕭爾的訓練下（她要求我們必須在短短三分鐘的表演中準確戳到觀眾笑點），我也成為了面試高手，拿下一大票電視節目的角色，包括《正義十八輪》（*18 Wheels of Justice*）、《急診室的春天》（*ER*）、《鐵證懸案》（*Cold Case*）、《紐約重案組》、《凱倫．西斯科》（*Karen Sisco*），以及《法網遊龍：特案組》（*Law & Order: SVU*）。我在拍攝這些影集時，內心都懷抱著一個目標，那就是要在鏡頭前展示自己在面試當下散發的表演能量，並向眾人證明自己的能耐。

有次我甚至有機會和老牌影星詹姆士．柯本（James Coburn）在ＨＢＯ自製影集《阿利斯》（*Arli$$*）中同臺飆戲；之後我倆在《美國槍聲》（*American Gun*）中又合作了一次（我飾演槍枝走私販）。

詹姆士是我的偶像，能和他同臺是我天大的榮幸，他可是和李小龍共事過的男人啊（而

且他也會抽大麻）！首次對戲本應在一小時內拍完，但由於我們兩個話匣子一打開就停不了，所以最後一共拍了四個小時。詹姆士很欣賞我，於是在片場傳授我表演的技巧。

> 結束拍攝後，他對我說：「小子，我看你蠻有天分的，如果你有在上表演課的話，我建議你趕緊退課，表演訓練只會埋沒你的天分。」

我簡直不敢相信自己的耳朵，他的讚美讓我覺得自己根本就是天才。

> 我問他：「斗膽請問一下，你對李小龍的看法是？」

他把和李小龍有關的一切都說給我聽，還提到自己的演技是在李小龍調教下才進步的，他說到流淚，而我也聽到哭了。

後來我在朋友的介紹下認識了哈里·貝西（Harry Basil），他和我一樣是喜劇兼影視演員。貝西是個大好人，也看過我在喜劇量販店的表演，我們第一次見面那天，他就問我想不想出演洛尼·丹吉菲爾德編劇的電影《去去就回》（*Back by Midnight*）。操，究竟有誰會不想出演洛尼·丹吉菲爾德的電影？幾天後，我就在貝西、選角總監、電影製作人和洛尼面前試鏡。

---

1 編按：美國西班牙語電視網。

2 編按：此處指在沒有事先準備的情況下閱讀劇本或表演。

那天我面試的角色其實已經決定人選了，但他們還是想讓我在電影中露個面，便要我到片場等著，看能不能臨時安插個角色，最後我也確實在這部電影軋上一角。我總共在片場待了十天，每天都必須親自找洛尼報到。我每天會走到他的拖車敲門，他則是會穿著浴袍為我開門。我可以清楚看見他胯下吊著的兩顆巨蛋。

雖然我和洛尼相處的時間不長，但他肯定了我的喜劇能力，讓我有種正式被圈內接受的感覺，這種感受比在喜劇量販店表演更強烈。

他說我很幽默（我研究了這麼久的喜劇偶像居然誇獎我很幽默），還說我具備成功的天分。在那一刻，我覺得自己可以征服全世界。

賣毒品給惠妮・休士頓的那個人

來到洛杉磯後，我就不怎麼做犯法的事情，但我還是擺脫不了古柯鹼，也一直都有在販毒。一天晚上，我的大麻供貨商問我能不能幫某個音樂製作人弄到一些白粉，我也答應跟這個人見一面。他告訴我他會在洛杉磯待三個月，所以需要在當地找一個能定期提供貨源的人。

他慎重其事的對我說：「你絕對不能將此事洩漏出去。」我看得出來他是認真的。

由於我一直都處於缺錢的狀態，於是答應幫他拿貨。隔天他從我這裡買了十七克白粉，接下來每天他都會打電話給我，且每次都拿同樣的量，後來我才發現他的老闆是惠妮・休斯頓（Whitney Houston）。交易進行了約一個月後，我終於見到惠妮本人。

對方告訴我：「我們今晚要去錄音室一趟，惠妮想見你一面，跟你打聲招呼，她說你的貨很純。」

我拒絕了他的要求，因為我不想「正式成為」賣毒品給惠妮的那個人，但一個月後我倆還是在他的安排下見了一面。惠妮本人就和螢幕上一樣美。然而，即使她人這麼好，又擁有無與倫比的歌唱天賦，卻還是和我一樣擺脫不了毒癮。

到了當年葛萊美獎頒獎期間，惠妮每天都要用掉三・五克[3]白粉，所以他們都會提前備好一週的量，但頒獎典禮當天（星期一）早上，我接到製作人打來的電話。

他說：「我今天要跟你拿貨。」

「OK，可以……你什麼時候要？」

「現在可以嗎？」

我感覺得出來他們現在很急。

3 譯按：原文用的是八球（8 ball）；八球是白粉圈內專用的計量詞，八球＝八分之一盎司＝三・五克。

四十五分鐘後，一輛超豪華轎車出現在我家門口；打開車門後，我赫然發現惠妮跟巴比．布朗（Bobby Brown，她當時的丈夫），兩個人都已經ㄎㄧㄤ到不行。那是我最後一次賣東西給他們，但我永遠都忘不了那次交易的過程，真的是太狂了。

第一幕就被亂槍打死

言歸正傳，我們再來聊一些演戲的話題，我因為演出《黑道家族》而結識圈內知名選角總監喬琪安．沃肯（Georgianne Walken）。有次她把我的試鏡帶發給某位同事，過了一陣子，我突然接到一通電話，要我去參加勞勃．狄尼洛（Robert De Niro）主演的電影《老大靠邊閃2》（*Analyze That*）試鏡，而我也被他們相中出演。

《老大靠邊閃2》的導演是我最欣賞的哈羅德．雷米斯（Harold Ramis），所以即便只是擔任一個小角色，我都相當慶幸自己能參與演出。當時我出演的角色戲分大多都被安排在第一幕，也就是說演員、導演及工作人員名單，會不斷在我身邊浮現，**這件事似乎成了我的詛咒**。

我在《老大靠邊閃2》中的命運也一樣，在第一幕就被亂槍打死，這場戲的拍攝地點是在紐澤西卡尼市的一間酒吧，距離聖心天主教男校不遠。我記得這間酒吧，學校那些鬼修女只要一有空就會跑到這裡喝酒。

雖然我無緣和勞勃・狄尼洛同臺飆戲，但能從遠處看見他我就已經心滿意足了。這次演出最棒的地方，是讓我有機會和哈羅德聊到天。

某天在和哈羅德閒聊時，我說：「我一直都想參加蒙特婁喜劇節（Montreal Comedy Festival），但他們一直用各種藉口搪塞我，不肯選我當表演嘉賓。」

他說：「你就專心發展你的喜劇事業，你很幽默，看不出這一點的人都是白痴。」我簡直不敢相信他會這麼支持我。

哈羅德繼續說道：「我剛開始演戲時，身邊的朋友都比我早得到演出機會，所有人都不看好我。但最後我寫出了三部叫好又叫座的劇本，讓他們一個個啞口無言。所以你不要管他們，繼續做就對了。」

那天離開片場時，我感覺自己整個人都要飛上天了。

我下一部參與演出的電影是《蜘蛛人2》（*Spider-Man 2*），我還記得試鏡日當天戶外氣溫至少有二十七度，我穿著毛衣毛褲、滿身大汗，走了三公里多的路才抵達現場（因為附近的車位都被趕來試鏡的人停光了）。

其實我根本不覺得自己能得到這個角色，《蜘蛛人2》可是當年最受矚目的電影，他們怎麼可能放棄摔跤明星比爾・戈柏（Bill Goldberg），去選一個來自古巴的胖子？我面試時特別賣力，甚至把現場的沙發都撞倒了，搞得大家驚呼連連，但也給他們留下深刻的印象。最後所有人都被我逗笑，而我也順利拿到該角色。

堅持不懈，就會有中大獎的一天

他們說我只需要到片場拍攝一天，但最後我在劇組裡待了整整兩個禮拜，整個過程只能用屌爆形容。我進場第一天就看到蜘蛛人陶比．麥奎爾（Tobey Maguire），那一刻我差點興奮到閃尿。接下來我開始在片場閒晃，觀察大家在做什麼，並狂吃工作人員準備的食物，還一直裝無限量供應的果汁。星期五片場會固定提供海陸大餐，而我則會像餓死鬼一樣默默坐在角落偷吃（我一個人可以幹掉十五隻大龍蝦）。

我在片場最好的朋友是和我一起出演火車戲的小女孩（十二歲，夭壽因仔一枚），她的嗜好是在拍攝現場幹譙其他演員，批評他們的演技。某天，當我專心的在偷果汁時，一個男人突然走到我身邊。

他劈頭問道：「你跟我女兒講了什麼奇怪的東西？」

「呃……你是指哪部分？」

他見狀後笑道：「鬧你的啦，老兄。我女兒上週回家後講了一堆超爆笑的笑話，她說都是你教的。」

我也笑了出來，並說：「對，你女兒很幽默，而且演技也很好。」

他吸了吸鼻子並環顧四周，接著問道：「你有聞到麻味嗎？」

「抱歉，我身上有一些大麻，我想說今天沒有我的戲，所以就……」

「來哈兩口吧，反正現在也才七點，一起嗨一下吧。」

接下來幾天，我們每天早上都會相約一起呼麻，把《蜘蛛人2》當成專屬我們的荒誕遊樂園。經過我們身邊的人都會忍不住提出疑問：「到底是誰啊？一大早就在抽大麻。」看到他們納悶的模樣，我和他總會忍俊不禁。

此時我會一邊搖頭，一邊大聲回答：「對啊，也太噁了吧，根本就是有病！」

我慢慢領悟到一個道理，那就是**在洛杉磯奮鬥就像玩非法簽賭一樣，只要我堅持不懈，就一定會有中大獎的一天**，徹底擺脫開場演員的命運。當我試鏡上《計程車女王》（*Taxi*，由皇后·拉蒂法〔Queen Latifah〕主演），我本以為自己可以鹹魚翻身，但沒想到還是只能擔任第一幕的配角演員。我知道自己必須繼續簽下去，而最後，我也成功中了一次（我自以為的）頭獎。

我小時候在尤寧城的電影院看過《鐵男總動員》（*The Longest Yard*）[4]，我跟朋友全程都在歡呼，畢·雷諾斯（Burt Reynolds）達陣得分那一刻，整間影廳的人都沸騰了，我想這輩子都不會忘記那天的感動。當我聽說亞當・山德勒（Adam Sandler）準備翻拍[5]這部經典時，我便下定決心一定要參演此片。

我知道片中有一個角色很適合我，但據說他們想找托尼・西拉古薩（Tony Siragusa）或樊尚・帕斯托雷這類的知名演員出演。然而，由於我實在是太想參與這部電影，所以想出了一個爭取角色的計畫。

有次我受邀到休斯頓表演單口喜劇，突然間腦中閃過一個念頭：我可以寄一隻搞笑影片到電影公司，讓他們注意到我。說幹就幹！我立刻出門買了件橄欖球衣和頭盔（都刻意買小號的，好讓衣服被撐爆），並請朋友幫我拍攝短片。我們拍了好幾隻搞笑短片，例如刻意露出啤酒肚（當時我的體重約一百八十公斤），然後請人拿球狂砸我。

雖然影片中的我看起來狼狽不堪，但絕對笑果十足。

我們把影片寄到亞當的辦公室，幾天後我就接到對方打來預約試鏡的電話。試鏡現場只有兩個人：我和導演彼得・席格（Peter Segal），整體還算順暢，但我等了一個月卻遲遲沒有收到回音，因此也不敢抱太大希望。又過了一陣子，我終於接到亞當辦公室打來的電話，對方說他們想請我去四季酒店吃頓午飯。

此時我和特瑞已經在一起四年半了，兩人的經濟狀況時好時壞，而現階段的我們身上沒半毛錢。我口袋只剩下十三塊，但由於我一定要吃早餐，所以就在麥當勞隨便買了些東西充飢，接著再開車到酒店去與他們會面。

酒店的泊車服務大概要二十塊錢，所以我只能把車停到八百公里遠的地方，然後再步行走到那裡。那天的天氣只能用熱爆來形容，我全身的毛孔都在不停噴出混合酒味跟毒味的汗水。抵達酒店後，我就像剛從水裡被打撈上來一樣，必須先在大廳坐十分鐘，等冷氣把汗水吹乾再前往餐廳。

鼓起勇氣走進餐廳後，我一眼就看到彼得和亞當。我實在是太害怕了，就連一句完整的話都說不出口，只能呆呆坐在那邊聽他們聊天。菜單上的每一道菜都是天價，我抱著忐忑的心點了份索價三十元的迷你菲力。用餐期間我一直在擔心自己該怎麼支付這三十元，還想到如果他們沒打算請客的話我就死定了。

他們結帳了，謝天謝地！除此之外，還有一個好消息，那就是他們覺得我很不錯，並決定把這個角色給我。我當下心想：所有的問題都解決了，這部電影將成為我的翻身之作！

到了讀劇[6]階段，電影公司居然派了一輛豪華轎車來接我，下車後，我看見亞當就站

4 譯按：原版於一九七四年上映。
5 編按：二〇〇五年上映。
6 編按：由演員用唸對白的方式，讓劇本單純以聲音形式演出；除了幫演員融入角色，也讓導演、編劇等人員了解劇本節奏。

在電影公司大門（旁邊還有幾個大明星），他腳底踩著人字拖，身上穿著一件普通的T恤，T恤啊！

從看見亞當的第一刻起，他就透露出平易近人的性格，甚至還主動幫我提行李，我的老天爺啊！讀完劇本後，我們一行人登上私人飛機前往新墨西哥的聖塔菲市。根據公司安排，我們會先在聖塔菲拍六個星期，接著再飛回加州的雷東多海灘拍十一個星期。

本片的卡司只能用夢幻二字形容，除了舊版男主角畢・雷諾斯，還網羅了克里斯・洛克、職業摔角手史蒂夫・奧斯汀（Steve Austin）、尼可拉斯・特圖羅（Nick Turturro）、麥可・歐文（Michael Irvin）等影視巨星。過去我只能在電視電影上看到他們，並在夢中幻想和這些人合作，沒想到我們現在居然全都共處一室。

除此之外，我們享受到的待遇也堪稱夢幻等級。一抵達聖塔菲，我們就坐上專車抵達一間美輪美奐的飯店（劇組把整間飯店都包下來了）；到了飯店後，工作人員立刻給我發了一串鑰匙，我才知道每個人在聖塔菲都會被分到一輛凱德雷（Escalade），接著他們又給了我八百塊錢現金，作為當週薪資的頭款（當時我身上只帶了三十塊錢跟駕照）。

除此之外，他們還找了個固定的大麻供應商給我（超讚的，因為我本就打算在聖塔非拍片這段期間不碰白粉）。到了拍攝現場，公司甚至還聘請脫衣舞孃幫我們端茶倒水兼撐傘遮陽。

拍攝過程真的超級嗨，我居然能和喜劇天王崔西．摩根（Tracy Morgan）同臺演出。崔西的表演給了我超多靈感，他的喜劇風格瘋狂又不失幽默，說出的每句話都喜感十足；跟崔西相比，我簡直就是喜劇界的菜鳥。亞當是個超級大好人，他最喜歡搓我的大肚子，因為他爸的肚子也是這麼大。有天我穿著短褲，渾然不知自己的蛋蛋已經跑出來見客，亞當看到後便跑過來跟我說：「先生，可以把梨球（tetherball）收起來嗎？」

到了聖塔菲的第三週，我已經徹底跟這幫演員混熟，某天在拍攝更衣室的戲分時，我覺得自己應該可以跟亞當提一些建議。

我走到他身邊說道：「嘿，亞當。」

「怎麼了，喬伊？」

「關於這場戲我有個想法，我想只穿護襠……然後什麼都不穿。我覺得這樣應該會滿搞笑的，讓觀眾看見我的大肚子垂在護襠上。」

索尼在片場安排的人聞言後立刻說道：「我不知道耶，亞當，我覺得這樣可能沒什麼效果。」

我繼續說：「我覺得這樣一定會很好笑，把布袋奶跟啤酒肚整組端出來給觀眾看。」

亞當思考幾秒鐘後便向工作人員喊道：「拿一件護襠給喬伊穿！」最後這場戲成了我們在聖塔菲拍到的最搞笑的鏡頭，我們幾個人在片場都笑炸了，真的很有趣。

回到雷東多海灘後，我又開始碰毒，但由於白粉並沒有耽誤我的工作，所以我也不是太在意這件事。我覺得自己現在狀態超好，根本沒有什麼東西能影響我，事實也證明我是對的，我的演藝事業蒸蒸日上。

我一定會爆紅，哈哈！

《鐵男總動員》在二〇〇五年陣亡將士紀念日週末於兩處隆重首映：洛杉磯中國戲院與紐約；中國戲院首映會上眾星雲集，喬・蒙塔納（Joe Montana）、卡麥隆・克羅（Cameron Crowe）、威爾・法洛（Will Ferrell）、約翰・C・萊利（John C. Reilly）都出席了，首映結束後我們還一起去吉米・金摩（Jimmy Kimmel）家續攤。

工作人員將現場改造成小型體育館，把球場跟球門柱都做出來了，還擺了好幾張足球檯；我之前從來沒參加過首映會派對，現場居然不僅有巧克力噴泉，還有服務人員端著各式各樣美食供賓客享用。這就是眾人口中的好萊塢生活！人生如此，夫復何求。

在紐約首映會上，我帶了七名兒時的玩伴出席，也算是報答他們這些年來對我不離不棄。他們的忍耐是值得的，因為我現在已經得道了，他們自然也能跟著我升天。

我當時真的有點被沖昏頭了，覺得自己成了巨星。在拍攝《鐵男總動員》期間，所有人都告訴我電影上映後，我一定會接電話接到手軟。紐約首映會結束後，我搭上回洛杉磯的班機，腦中不斷規畫著日後的事業宏圖，認為自己終於一掃陰霾，不用再為生活苦苦掙扎，並挑選自己喜歡的角色。我可以確定這部電影將改變我的人生軌跡，我一定會爆紅，哈哈！

然而，**我的電話一次都沒有響過**，我的人生也沒有任何改變。電影上映後的激情和沒有片約找上門的反差令我備感煎熬。我覺得自己跟以前一樣又失敗了，我想破頭都弄不明白，為什麼可以從天堂瞬間掉進地獄。

《鐵男總動員》上映後的兩個月，我只接到一次試鏡邀約，卻表現得一塌糊塗，負責試鏡的那位小姐甚至沒等我表演完就把我轟出去。但我覺得這件事不能怪她，因為我前一天晚上又跑出去嗨到通宵。

至於我的單口喜劇事業，自從演了《鐵男總動員》後，各大俱樂部在宣傳時都會把我當成主打表演嘉賓，然而宣傳歸宣傳，事實上我根本就不是他們的主力演員。我只是一個噱頭，作用是幫真正的主力笑匠暖場。我之所以會發現這件事，是因為我親眼看見有人在我表演到一半時離席。他們原本是想來看電影明星現場搞笑的，根本沒料到我只是個滿嘴屎尿屁的喜劇演員，而且只在冷門時段登臺。

每當我走上舞臺跟觀眾打了招呼後，大腦就會陷入一片空白，最重要的是，我從來都沒有認真準備過表演的內容。除了放空的問題，我的段子也難笑到極點，一點邏輯都沒有。我的表演之所以會爛成這樣，完全是**我把喜劇表演看得太理所當然了**。

我對自己的現況徹底失望，於是開始用其他毒品麻痺自己。有次我受邀到德州博蒙特表演一週，專門替我提供白粉的藥頭居然向我推銷起煩靜錠，而我也動搖了。

他說：「我也可以幫你弄到煩靜喔。」

雖然我曾經賣過煩靜，而且生意還挺好的，但對這種東西毫無興趣。我思考了一下，心想：「靠，隨便啦，反正我在洛杉磯那邊也不缺買家。」

我問他：「你手上有多少？」

「大概三十顆吧。」

週五晚上表演前，我喝了好幾杯野格利口酒，還用了一些白粉，整個人茫到爆，最後在舞臺上大出洋相。演出到一半時，我直接躺在臺上，把麥克風放在胸口繼續講笑話，後來我真的撐不住了，便向幫我開場的演員求救。

「喬許（Josh），過來把我扶到凳子上。」

我只聽見觀眾席後方傳來一聲怒吼：「幹你娘，我才不幫你！」

接下來兩天我除了吸白粉，還開始使用煩靜，先是一顆，接著再吞兩顆，過沒多久又補一粒，直到袋子裡所有煩靜都被我嗑光為止。最後我昏倒了，也徹底三振出局。

後來我是在飯店被敲門聲吵醒，對方說多住一晚的價格是四十元，我沒理會他，而是倒頭繼續睡。隔天早上，我又聽到門外有人提醒我要付錢。我已經忘記自己在那邊窩了幾天，只知道我一直處於暈眩狀態。走進浴室後，我發現自己的臉有一側已經完全沒有感覺了，接著我拿起手機，看見特瑞、我的朋友、經紀人打了上百通電話給我。

我看了一下時間，發現現在已經是星期一，而我原本預定週日就該回家。我撥通特瑞的號碼，謊稱自己生病了，還說只要身體狀況一好轉就會立刻回去。

接著我請當地的醫生來看一下我的臉，他說問題不大，只要休息幾天就會恢復正常。

《鐵男總動員》首映會是我此生最輝煌的時刻，當時的我意氣風發，不可一世，但現在卻只能用毒品跟藥物麻醉自己，突破自己的底線，在某些層面首次觸及人生的新低點。

我被生活擊垮了。

第二十二章

戒毒之道

我氣沖沖的離開會議室，不僅因為對方直接點出我的毛病而生氣，也氣這些日子以來居然以為自己隱藏得很好，沒人知道我有毒癮。

但事實上，所有人都知道我有問題。

戒癮的第一步是要承認自己有癮。我不是白痴，當然知道自己有毒癮，我之所以戒不掉，完全是因為踏不出下一步。古柯鹼已經成為我生活的一部分，只要不使用過量，我完全可以和它和平共處，而這正是我不可能戒掉白粉的原因。

《鐵男總動員》高峰期過後，我邁向人生第四十三個年頭，雖然此時我還沒（也無法）擺脫古柯鹼控制，但戒毒的念頭卻一天比一天強烈。可是我真的就是戒不掉啊。

我試過三天不碰白粉，但到了第四天就會忍不住；下次我會撐四天，但第五天就會失守，有幾次我甚至突破了五天不碰毒的紀錄，但最後都逃不過沉淪的命運。我親眼見證一些毒友走進戒毒中心，但出來後卻用得比以前更兇，我曾試著說服自己和那些人不一樣，但事實證明我並不特別。無論我再怎麼努力，都無法擺脫古柯鹼的控制，這樣的循環讓我精疲力盡。

在還沒走出《鐵男總動員》低潮的那段期間，有天我發現脖子接近鎖骨的地方有一顆突起的小球，過了幾個禮拜，它越變越大，已經到了肉眼可見的程度。雖然我很怕看醫生，但我更擔心這顆腫瘤，便去醫院做了檢查。結果顯示這顆腫瘤不是癌症，但醫生仍認為必須開刀取出。

我問醫生：「那個，我想跟你說一件事。」他點了點頭。

「我有吸毒，請問這樣會影響手術嗎？」

他說：「幫我個忙，手術過後再用白粉，期間你可以抽大麻沒關係。你能做到嗎？古柯鹼會提升麻醉的難度，這樣對手術會有影響。」

你應該知道我接下來做了什麼吧？我開始通宵達旦狂歡，完全回到在中途之家時的生活模式。直到手術前一天，我每晚都要抽上幾口，而且每次都用超多，根本停不下來。

為了迎接手術完成，我先吩咐我的大麻供應商在中午前就把東西準備好，因為醫生說中午前就會結束，接著我又聯絡了白粉藥頭，請他先備貨。接下來，我到銀行領了四張五十元鈔票，把他們折成小方塊，然後夾在屁縫裡。這些錢是要給護工的，他們收到小費後就會好好照顧你，我可不想在醫院裡惹出什麼麻煩。

手術進行得很順利，然而，在恢復室醒來時，我發現房間裡站著一大堆陌生人，把我嚇個半死。就在那一刻，我的腦中突然出現當年一邊用迷幻藥，一邊看《現代啟示錄》（*Apocalypse Now*）的畫面，便伸手慌張的把身上插著的管線都拔掉。

我喊道：「媽的，我要出去！我快窒息了，我需要呼吸新鮮空氣！」

我的主治醫生立刻出聲安撫我：「喬伊，你冷靜一下，冷靜，手術進行得很順利，沒事的。」

看我的情緒稍微平復一些，醫生便接著說：「開刀後我們發現腫塊比想像的大，於是只好打碎你的鎖骨把它拿出來，過程相當順利，你要看一下嗎？」

看見他拿著一塊壘球大小的腫瘤走過來，我又崩潰了。在我眼中，**這坨東西就是這些年來我虐待身體（吸毒和酗酒）的證據**。我跳下病床、拉著點滴架，徑直朝走廊奔去，護理師在後面拚命追我、特瑞也在追我，但我完全沒有停下腳步。奔跑途中，我看見一個老頭站在輪椅旁邊，於是便伸手從屁縫裡掏出一張五十塊請他載我一程。

他扶著我坐上輪椅，並推著我到停車場找車，我從車上找出一些現金交給他，還抱了他一下。此時我看見特瑞追了上來，臉色白的像鬼一樣。

我說：「特瑞，對不起，但我必須逃離這個鬼地方。」特瑞雖然覺得很丟臉，但還是載著我去拿大麻和白粉（特瑞以為我拿的都是大麻），滿足接下來幾天的癮頭。

由於我覺得在家裡吸白粉會觸霉頭，所以都會溜到車庫裡去幹壞事；每次吸完一行，我的縫線都會綳開，導致傷口出血。在那段期間，我接到一通電話，對方要我去參加《孟漢娜》（*Hannah Montana*）的試鏡，沒想到最後差點把選角總監給嚇死。

在我讀劇本讀到一半時，鮮紅的血液順著脖子流到胸口，他看見後便打斷我並問道：「你脖子上的……是血嗎？」

他們最後選了別人。

手術過後，醫生給我開了維可汀（Vicodin），要我感覺痛的時候吃一顆；我根本就把它當成糖果在吃，很快就用完一瓶，然後醫生又開了更多給我，導致我徹底沉淪。在維可汀的影響下，我變得越來越不願面對現實。其實我知道自己差不多要死了，我體重過重、喜歡抽菸、飲食習慣極差，又不願正視這些問題，整個人都處於自我放棄的狀態。

上帝希望你戒掉白粉

某天我接到澤西的一個好兄弟來電，說他哥哥（外號白痴哥）最近開始改用海洛因了。白痴哥又高又黑，長得其實還滿帥的，人也很好，我很喜歡他。他開了一間水電行，把生意打理得井井有條，卻總是能在百忙之中抽空嗨一下，屬於成功型癮君子的代表人物。我兄弟打來是要告訴我自九一一事件後，當地海洛因的價格就開始直線下跌，並問問我有沒有興趣做點小生意。

幾天後我接到白痴哥的電話，他說：「海洛因現在真的便宜到不行，一袋只要三塊錢，你想要的話我可以幫你拿。」

在這天之前，我大概就用過兩次海洛因，我見識過真正的毒蟲，所以不想變成這種人。幾年前，在我還在紐澤西過著借宿生活時，我曾在一個用海洛因的朋友家暫住，他阿嬤也住在那，她最喜歡講的一句話是：「靠天喔，現在是怎樣？」而且永遠都是用吼的。

阿嬤是個老貓奴（好像養了四隻貓），每天晚上，我朋友都會趁阿嬤跟貓貓睡著（阿嬤跟貓睡一起）後在浴室給自己打毒針。當發現他走進浴室，我都會先等幾分鐘，然後故意發出超大的噪音把阿嬤吵醒。被驚醒的阿嬤會一邊衝出房門，一邊吼著：「靠夭喔，現在是怎樣？」我的朋友則會躲在浴室裡咒罵我。

這段往事固然有趣，但也有點可悲，因為如果我覺得自己必須瞞著眾人使用古柯鹼，那麼我朋友這輩子都必須遮遮掩掩，隱瞞自己的海洛因癮。還有一件事，那就是每次他打完海洛因，整個人都會徹底失控，我認識不少用海洛因的人，而且非常不喜歡這玩意兒對使用者造成的影響。

那天和白痴哥通話時，我完全無視自己心中那條底線。

我說：「豁出去了啦，先幫我弄幾袋過來。」

我聽說只要連續兩到三天用海洛因就會上癮，所以我正式將週一定為海洛因日。接下來每個星期一，我都會使用海洛因，然後睡上整整一天半，接著起床狂吐，等下週再重複相同的循環。

幾個禮拜後，我發現自己已經好長一段時間沒碰過古柯鹼了，而且我並沒有刻意控制自己不去用。那一整個夏天我都沒有用過古柯鹼，而我居然還認為海洛因就是戒掉古柯鹼的解藥。我甚至瘋到寫信給新聞節目《60分鐘》（*60 Minutes*）製作組，告訴他們只要改用海洛因，就能抑制大腦對古柯鹼的渴望。

除了海洛因以外，那年夏天我和特瑞突然迷上收養流浪貓，在後院養了大約十五隻貓貓。這群貓貓其中兩隻（同一個媽生的）一個叫大壞蛋（Superbad），一個叫ＤＪ。ＤＪ是暹羅貓，長著兩隻藍色的眼睛超級可愛；大壞蛋貓如其名，最喜歡幹一些壞事，把ＤＪ拖下水。另外，大壞蛋跟我看彼此都很不順眼。

同年秋天，我不知用了什麼方法停掉海洛因，重新回歸古柯鹼的懷抱，並展開新一輪的濫用之旅。沒過多久，我得知喜劇演員瑪莉蓮・馬汀尼茲罹患末期癌症的噩耗（此時我們已經成為無話不談的好友），也知道醫生說她只剩幾個月到一年的時間，這件事情讓我徹底崩潰。她在醫院待了一段時間，最後院方決定讓她回家度過臨終的時光。

某天我到她家探望她，在她的床邊問她：「妳現在還好嗎？」

她說：「應該好多了吧。我決定了，如果這次我逃過一劫的話，以後就再也不開黃腔跟講幹話了，要不然以後上帝問起來，我會不知道怎麼回答。」

我笑了出來。

她看著我的眼睛對我說：「喂，上帝希望你戒掉白粉。」

我們之前從沒討論過這類事情，所以聽到這句話後我頓感五雷轟頂。

「好，我知道了。」我沉默了許久終於開口。

接下來我要前往澤西市表演，我想聽她的話，試看看這次表演期間自己能否不碰白粉。

我週四抵達澤西，一整天都沒有碰毒，週五晚上我也忍住了，當我回到下榻的飯店時，我接到一通電話，對方說瑪莉蓮走了。

為什麼上天總是要把我最愛的人帶走？

我備受打擊，並在心中發誓一定要實現瑪莉蓮的遺願，於是一整個週末都沒有碰東西。回到洛杉磯後，我參加了之前試鏡過的某部電影的定角會議。

我一走進會議室，選角總監就告訴我：「這個角色只等你點頭就可以定下來，但我們今天找你來是要和你聊聊其他話題。」

「好喔……」

「我們要連續拍二十一天，中間不休息。」

我答道：「好的。」

他接著說：「喬伊，我們知道你很愛玩，但因為拍攝進度的關係，這次你必須安分守己。假如你因為玩得太嗨而翹班，製作團隊的每一個人都會被你拖下水，你聽懂了嗎？」

「我懂了。」

「你回家考慮一下，認真考慮一下，然後再跟我們說你的答案。」

我氣沖沖的離開會議室，不僅因為對方直接點出我的毛病而生氣，也氣自己這些日子以來居然以為隱藏得很好，沒人知道我有毒癮，但**事實上所有人都知道我有問題**。

我答應接下這個角色，並堅守自己對瑪莉蓮許下的承諾。

幾天後，我們在喜劇量販店舉辦瑪莉蓮的喪禮。我不知道是因為戒斷反應在作祟，還是我天生就排斥喪禮，我整個人坐立難安到了極點。他們指名要我第一個上臺發表悼詞，我內心巴不得這一切能瞬間結束。

當拿起麥克風並望向觀眾的那一刻，我突然僵住了，我看見那個以欺負瑪莉蓮為樂的通告專員，他站在最後面，臉上帶著輕蔑的微笑，嘴裡塞滿現場提供的免費食物。這些年來，他最常幹的事情就是先發通告請瑪莉蓮參加節目，然後再打電話說主辦方不讓她登臺，理由是她的笑話太黃又太髒；更賤的是，他明明就有安排其他同類型演員上臺。

他怎麼有臉來參加瑪莉蓮的追思會？我開始在臺上狂電他，結果他還沒等我把話說完就落荒而逃。下臺後我只感覺自己頭昏腦脹，並猛然想起一件事：我剛剛在臺上捍衛了故友的尊嚴，就像佐拉達當年幫死去的老媽保留顏面一樣（不過最後我並沒有用白粉作結）。

其實那天出門前我帶了一克白粉，原本是打算把這些用完後就再也不碰，但那天晚上我把東西送給了一名朋友。其實我心底還是很想再嗨最後一次的，於是幾天過後我又帶了一些東西出門，準備表演後用掉。然而，我剛走下舞臺沒多久，就接到特瑞打來的電話。

她哭著說：「喬伊，貓貓生病了，大壞蛋跟ＤＪ要死了。」

原來大壞蛋跟ＤＪ有貧血，等我趕回家後，牠們的狀況已經非常差了。我們把兩隻貓貓放在浴室裡，那天晚上，當我走進去查看牠們的狀況時，我都會摸摸DJ（但完全沒有碰大壞蛋）。我在浴室把口袋裡的白粉用掉，那是我第一次在屋子裡吸毒。

隔天早上七點左右，特瑞把我叫醒。

她流著淚告訴我：「DJ死了。」

我把這件事情怪罪在自己身上，覺得一定是自己在家吸毒才導致我最愛的貓貓死掉。我怎麼會蠢到把古柯鹼帶進家門？我突然想到大壞蛋，雖然大壞蛋很機車，但我也不希望牠死，於是便將特瑞做的燕麥餅乾帶進浴室，趴在地上一點一點餵給牠吃。

我抬起頭向上天禱告，我說：「老天爺啊，雖然我很討厭這隻雜掰貓，但如果祢願意饒牠一命，我就永遠不再碰白粉。」

結果這隻賤貓還真的活了下來，於是為了信守我對瑪莉蓮和上帝的承諾，我至今都沒有再用過白粉，真的！

為什麼突然想結婚了？

徹底戒毒後，生活的其他面向也隨之改變，我註冊了健身房會員，還開始注意自己的體重，最後減掉了近七十公斤。除此之外，我還跟拉薩羅舅舅和好了。有天我前往馬里布參加試鏡，在中途休息時，我找了塊面海的大石頭，坐在上面吃三明治。就在那一瞬間，我猛然想起拉薩羅舅舅曾帶著年幼的我來過這個地方，便掏出手機撥通了他的電話。

從掏槍威脅彼此那天算起，我倆已經有整整二十五年沒有說過話了，但當我們把事情講開後，所有怨懟都在那一刻冰釋。

我說：「當時我整個人都不太對勁，我不知道自己還沒從老媽的事情中走出來，我的心還很痛，而且又嗑了很多藥。我不指望你接受我的道歉，但我還是要說我對自己當年的行為感到很抱歉。」

他說：「喬伊，對不起，那時候我也過得很不好。我背著你舅媽在外面偷情，然後又跟情婦的表姊有一腿，總之很複雜就是了。我不曉得該怎麼處理感情上的問題，只能像個混蛋一樣擺爛。」

最後我和舅舅約好在他的酒吧（還是同一間）見面敘舊，從那天起，我們每週都會一起吃飯，有時也會去看洛杉磯道奇隊的比賽，能和家人重新聯繫上的感覺真的很好。

擺脫毒癮並將生活導回正軌後，我開始把特瑞當成真正的家人對待，我從沒對任何一個女人如此認真過。對我來說，這種愛是一種全新的體驗。

有次特瑞回田納西老家探望家人，順便見見剛出生沒多久的姪子，回到洛杉磯後，她的情緒明顯有些低落。我知道特瑞為什麼會悶悶不樂的，她是個好女人，值得過上幸福的婚姻生活，而我也想實現她的夢想。

我在她上班時打了通電話過去，問她：「特瑞，妳願意嫁給我嗎？」

她驚訝的說道：「你說什麼？為什麼突然想結婚了？」

我說：「我只想跟妳結婚，我剛剛已經打給妳爸爸，告訴他我想娶妳。」

她一掃近日來的鬱悶，用歡快的語氣說：「你打給我爸了？」

「對……妳想嫁給我嗎？」

「好，喬伊，我願意嫁給你。」

我們都不想把婚禮搞得太隆重，只和當地的一個小教堂敲定時間，在二〇〇九年感恩節前夕完婚。此時特瑞已經辭掉服務生的工作（也放棄演員夢了），並在好萊塢露天劇場擔任會計。得知員工要結婚後，好萊塢露天劇場為我們送上了一份大禮：免費婚禮派對。我們不限制賓客要穿什麼，也不要求眾人帶禮物出席，我們只希望大家來慶祝我們的婚禮並享受歡樂氛圍。

無論是婚禮當天我內心的感動，或是和特瑞結為夫妻後的每一天，在我看來都是我這一生中最明智的決定，這一切都要歸功於上天的旨意。

還有，謝天謝地我戒掉了毒癮，擺脫白粉讓我的人生改頭換面。

第二十三章

大代誌小教堂

我知道在公開場合爆這種料風險很高，但無論再怎麼不堪，
這都是我的親身經歷。即便我現在已經改過自新了，
但我還是願意把自己的懶覺擺上處刑臺讓所有人公審，
完全沒打算要打造完美人設。
其實說真的，我也不知道觀眾會有什麼反應。

「這是我這輩子聽過最不OK的事情。」費莉西亞・麥可斯（Felicia Michaels，喜劇演員）坐在麥克風前，用不可置信的語氣說出這句話，眼眶裡還有淚水在打轉。費莉西亞之所以會這麼說，是因為我們在錄製播客節目《美女與巨獸》（*Beauty and Da Beast*）時，我跟她分享了自己年輕時一段真的超級不OK的經歷。

時間回到一九八〇年代，某天晚上我和幾個朋友一起去紐約市閒晃，眼看天色不早了，我們決定打道回府，但羅傑（Roger）卻堅持要找個女人幫他吹屌才肯結束。

八〇年代初期，林肯隧道那一帶入夜後都會被站街女占領，下西城那邊更是妓女大本營，馬路上車輛大排長龍，街道上站著成群妓女，旁邊還有一個坐著輪椅的街友皮條客，手裡拿著槍充當保鑣。

我們幫羅傑找好人跟辦事的地點，由阿飛（Alfie）負責在車子周圍把風，我和臭男則是跑到隧道附近買「毒氣蝴蝶餅」吃（製作時摻入來往車輛排放的一氧化碳，吃下去後會使人感到暈眩）。

我們在附近閒晃了二十分鐘後才回去，發現羅傑還在跟妓女車震激戰，

臭男問道：「是怎樣啦，怎麼搞到現在還沒結束？」

我們走近一些，聽見羅傑的聲音，他說：「妳吹的方式不對……」

阿飛說：「她好像要和我們一起回澤西市，先上車再說吧。」

我們三人跳上車，她繼續埋頭苦吸，我們繼續開車。開了一小段距離後，她突然把頭抬起來。

她喊道：「幹，你們要開車載我去哪裡？」

阿飛說：「回澤西市。」

她說：「我又沒有要去澤西。」

我們在隧道中你一言我一句的吵了起來，最後她直接掏出一把剃刀，我們見狀立刻按住她的手，以免她傷到人，過程中她的假髮掉了下來。開進澤西市後，我們依舊壓著她的手、她還是抓著剃刀不放，而我則是牢牢拽著那頂假髮，所有人都吵成一團。

最後，我們把車停在墓園附近，並叫她滾下車，順便把身上的現金都交出來，只見她雙腳微蹲，接著伸手從鮑鮑裡摳出幾張皺成一團的鈔票（總計六塊錢），把錢丟到車上時嘴裡還罵個不停。她的皮包還在車上，但裡面裝著的保險套、香水之類的東西都已經散落一地，我把東西收拾好後將皮包還給她，接著又順手用打火機點燃她的假髮，用力朝她的方向丟去。她用腳把火踩熄，然後彎腰把假髮撿起來戴上，裝出一副若無其事的模樣。

我知道在公開場合爆這種料風險很高，但無論再怎麼不堪，這都是我的親身經歷。即便我現在已經改過自新了，但我還是願意把自己的懶覺擺上處刑臺讓所有人公審，完全沒打算要打造完美人設。

在播客上「闡述往事」

其實說真的，我也不知道觀眾會有什麼反應。

我是在經過一番深思熟慮後，才決定在二〇一〇年創立播客頻道，我想跳脫自己的舒適圈，做些不同於以往的事。其實我和費莉西亞已經認識一段時間了，但直到前陣子我們三番兩次在當地咖啡廳不期而遇，才開始聊一些有內容的話題。聊了幾句後，我們發現彼此都在思考自己的喜劇事業該朝什麼方向發展，於是有了合作的念頭。

有天她問我：「你有沒有想過經營播客頻道，有不少喜劇演員都靠播客節目吸引到粉絲，或許這是個不錯的方法。」

我知道她在說什麼，每次上完喬．羅根的播客節目，我的推特（Twitter）追蹤人數都會上漲好幾千。除了羅根，亞當．卡羅拉（Adam Carolla）跟馬克．馬隆（Marc Maron）也都把播客頻道經營得有聲有色，所以這個提議確實值得我們考慮。

我問她：「要不我們一起做一檔節目如何？」她想都沒想就答應了。

我們各出了一百四十元購買相關設備，接著立刻開始錄製節目。當時播客還是個新玩意兒，但我相信，她的喜劇功底跟討喜的個性，加上我語不驚人死不休的風格，一定可以掀起一股浪潮。

我們每週二都會先花半小時討論節目主題，然後直接開錄，並在週四上傳音檔。我們選題時會刻意避開時事，理由是我們希望三十年後的觀眾也能和節目內容共鳴；除此了不碰時事，我們什麼都聊。

我發現當我把親身經歷融入喜劇（播客喜劇和舞臺喜劇），效果都出奇的好，因此這也成為我的個人風格。為了找靈感，我開始觀看名主持人霍華德·史登（Howard Stern）與喜劇演員阿蒂·蘭格（Artie Lange）的訪談節目，並注意到阿蒂講故事的方式特別吸引人。你知道他最厲害的一點是什麼嗎？無論他描述的經歷有多瞎、多荒謬，他都只是**用闡述往事的態度**在講這件事。

正是因為如此，我才有勇氣坦承自己用火燒掉妓女假髮的故事。我知道這件事可能會成為我職業的休止符，但我覺得自己必須說出來。

那集節目上架後，我的推特追蹤者彷彿一夜之間全都醒了過來一樣，他們不停留言給我，說這段故事真的超級好笑，我簡直不敢相信觀眾的反應會這麼正面。節目播出幾週後，我參加了一場單口喜劇表演，但遲到了幾分鐘，很快我就接到俱樂部老闆打來的電話。

他說：「喬伊，你趕快過來。」

「我快到了，怎麼了嗎？」

「現場來了大概一百五十名觀眾，大家都在等你。」

《鐵男總動員》上映後的那段高峰期，各大俱樂部都將我當成「主打演員」宣傳，但即便是在那段期間，我都沒有在俱樂部享受過被一百五十名觀眾簇擁的待遇。我一站上舞臺，觀眾就開始求我再講一次妓女的故事。我照做了，大家也都笑翻了，看來大家也很喜歡我這種又黃又噁爛的表演風格。就這樣，我們的播客頻道靠著這個低能故事慢慢發展起來了，而我也培養出一堆死忠的粉絲，但我更喜歡稱他們為家人。

自嗨的男人

我在表演單口喜劇時總是會加入一些故事，久而久之，我發現觀眾真的很喜歡聽我幹過的瘋狂蠢事，於是我開始用紙筆記錄有趣的經歷，並思考如何用最誇張的方式，在舞臺跟其他表演場合上呈現這些經歷。

某天，一名剛從大學畢業的年輕人（李．夏特〔Lee Syatt〕）寄了封電子郵件給我，說他很喜歡我在《美女與巨獸》裡的表現，並表示想找我合作。李是猶太人，體型圓潤，不僅性格幽默，還有一顆聰明的頭腦，但當他情緒激動時，就會變得神經兮兮，講話也會結巴。

我們偶爾會一起拍片，由他掌鏡並編輯，最後再上傳到 YouTube 上。我挺喜歡李的，因為他跟其他機車的洛杉磯人不一樣，他根本不想出名，只想找份工作混口飯吃。雖然我們的年齡相差三十歲，但很快就成為忘年之交。

和李合作幾個月後，有天他突然用認真的語氣對我說：「我覺得你現在可以單飛了。」我問道：「你真的這樣覺得嗎？」其實當時我的內心也是有些搖擺的，我是發自內心喜歡費莉西亞，但我發現自己和她已經開始漸行漸遠，因為她實在是接受不了我講的那些故事。我知道我們的關係變了，她也知道，於是在錄了一百一十三集《美女與巨獸》後，我們決定在二〇一二年十一月向觀眾道別。雖然我和費莉西亞在表演創意上各有各的想法，但我們直到今天都還是朋友。

同年，李和我開了一檔名叫《大代誌小教堂》（*The Church of What's Happening Now*）的播客節目，當時我和特瑞租的新房子有一間空房，於是我們便把這間臥室當成錄音室。李一開始只想擔任節目製作人，根本沒打算拋頭露面，但最後他還是成為節目的班底。

某天早上（六點鐘），當李到我家和我討論節目的製作細節時，我請他抽了幾口大麻，差點搞得他心臟病發作（他其實不怎麼抽菸）。他的臉瞬間就脹紅起來，只能坐著休息，我則趕緊遞給他一杯水讓他潤喉。後來我們把這件事情拿到節目上聊，所有觀眾都嗨爆了，而李也順理成章成為節目的固定角色。

與此同時，我的一個好兄弟亞利．沙菲爾（Ari Shaffir）也在私底下籌備自己的故事型播客節目《超ㄎㄧㄤ故事集》（*Psychedelia*，後來改名為《不可能的啦》〔*This Is Not Happening*〕），並邀請我擔任客座嘉賓。

節目錄製當天，我講了一個跟平克・佛洛伊德演唱會有關的故事。

十六歲那年，我和幾個朋友弄到了平克・佛洛伊德演唱會的門票，但當時我們年紀都還太小，所以不能開車，後來我們連絡到一個叫做撒旦（Satan）的傢伙，請他載我們到拿騷老兵紀念體育館。

撒旦眼中透露著一股嚇死人不償命的凶光，完全沒有愧對他的外號，我其實不太了解他的過去，只知道他曾在美國海軍陸戰隊服役（後來被軍隊踢出來），所以肯定是個狠角色。沿路上他不斷和我們說自己一直有想殺人的衝動，其中包括他老媽，理由是她不准他抽大麻。

撒旦一邊抽著麻菸，一邊喝酒，用每小時一百四十五公里的速度在車陣中穿梭。

那天晚上我和兄弟們嗑了一大堆迷幻藥，起初我們只是覺得撒旦的眼神很嚇人，但在藥物的作用下，我們突然感覺他的目光似乎可以直接把人射穿。進入體育館後，我們旁邊坐了幾個清純的妹子，撒旦只是若無其事的看了看她們，這幾個妹就差點被他的模樣嚇到尿褲子。

中場休息時，主辦方從四面八方撒下超多氣球，撒旦從口袋拿出打火機，伸手去燒落在他身邊的氣球，他每弄爆一個，就會大喊一聲「啪」。

坐我們旁邊的妹問他在做什麼，撒旦給了對方一個讓人不寒而慄的眼神並說：「撒旦不喜歡氣球。」那幾個女的聽到他的回答後，便立刻起身，光速逃離我們身邊。

撒旦的故事讓亞利的觀眾原地高潮，當影片被其他人上傳到 YouTube，我的推特追蹤者又暴漲了一波，所有人都想聽我說更多故事。

我和李錄製《大代誌小教堂》的原則是做自己，我們會在開機前先把自己搞嗨，然後我會在內心祈禱李說出一些ㄎ一ㄤ話，這樣我就可以吐槽他。我們後來一直都用這種模式錄播客，先用大麻或其他迷幻藥把自己弄到神智不清，然後想說什麼就說什麼。誰能想到這種的表演方式會培養出一大批死忠的粉絲，在我和李看來，我們不過是兩個自嗨的男人罷了。

節目剛開播時，每集的下載數字只有幾千而已，但到了後來，每集的下載量都能達到五十萬。

一天晚上，加州爾灣市某間即興喜劇俱樂部的經理打電話給我，說原定今晚演出的演員因故無法出席，想看看我能不能去救場。我答應對方的請求，並帶著李和我一起出席。

李在車上問我：「你要我幫你錄下今天的表演嗎？」

我說：「好主意，那就錄吧。」

我那天的狀態超神，不僅講了一堆新的段子，還在臺上即興演出，表現堪稱完美（完美演出可不是天天都有），而且錄影的效果也很棒。我和李互看了一眼，內心浮現同一個念頭：我們他媽的可以出一張喜劇合集。

我在蘋果（Apple）工作的朋友協助我們把專輯上架，這張合輯的名稱是《要嘛是你，要嘛是牧師》（*It's Either You or The Priest*），開放下載後幾個小時後，我的作品便登上喜劇專輯榜首。

我在喜劇圈打滾至少已經有十九年了，直到現在，我才感覺自己可以稱得上是一號人物，我能獲得今天的成就，絕大部分都必須歸功於《大代誌小教堂》。

第二十四章

第二次機會

總而言之，我的人生就是在登臺、寫作、進化、吃大麻食品（量
多到我根本數不清）與瘋狂工作這幾件事情間來回打轉。
最棒的是，我終於和我今生最愛的女人結為連理，
並和她攜手建立了一個真正的家，還有了個超級可愛的女兒。
我為自己感到驕傲，也知道自己已經成為
老媽眼中足以讓她自豪的男子漢，這感覺真的屌爆了。

我的人生經歷過許多打擊，其中最嚴重的就是老媽的死，尤其我還是發現她屍體的那個人。這件事情成了我的心魔，總是會在我最毫無防備的時刻湧上心頭。即使我打死也願不承認，但我之所以會成為小偷並染上毒癮，其實都跟老媽的驟然離世有關。老媽希望我能成為一個男子漢，不過我卻三番兩次搞砸。

有時就算我已用盡了全力，但還是以失敗告終。失去女兒是我的另一個心魔，雖然此事跟老媽的死有些不同，但這種失去的傷痛感卻是一樣的。離開科羅拉多後，我曾給潔姬寄過一陣子的信，還附上自己的照片，但凱西卻總說他們一封都沒收到。

我打電話他們不接，也從來不回覆我的語音留言，一直到最後，我才發現他們一家人搬到英國定居了。從那一刻起，我就知道自己這輩子再也見不到潔姬了，她已經不再屬於我了，我永遠忘不了得知他們移居海外時內心複雜的感受。

我整個人跪倒在地上，不斷乞求上天幫我度過這次難關，我知道我已不再是一名父親，自己現在唯一能做的，就是為潔姬祈禱，祝福她能平平安安長大。一直以來，我都是這世上唯一努力在維繫這段親情的人（我從不認為這是她的錯，她只是個孩子），但我真的支撐不下去了。我會永遠愛我的女兒，也會永遠在心中給她留一個位置，但現在，我必須往前走了。

如今看來，對所有人最好的做法，就是再也不去想這件事情。但思念的痛從來都沒有消失過，也永遠不會有停止的一天。

然而，奇蹟說來就來，上天又給了我一次當父親的機會。

二〇一二年母親節那天，特瑞從教堂回來後對我說：「喬伊，我要告訴你一件事情。」從她的表情看來，我知道這件事情一定很重要，事實也證明我沒有猜錯。

「我懷孕了。」

我興奮到差點跳起來，急忙問她：「妳是說真的嗎？」

她回答：「是真的。」我從沒看特瑞笑得這麼開心過。

我們在一起十二年了，特瑞的肚子從來都沒有過任何動靜，誰能料到一個小生命就這樣突然闖進我們的生活中。後來我們出門參加烤肉聚會，一直到晚上回家後，我才驚覺自己已經四十九歲，特瑞也四十好幾，但現在我們居然要有小孩了。

接下來幾天，我一直都開心不起來，一種久違的感覺再次襲上心頭。我沒有勇氣再度挑起父親的重擔，因為我失敗過一次，這次成功的機率恐怕也不高。然而，比起過去的我，現在的我不僅更成熟、更健康，生活也已經步上正軌。我有一份做起來得心應手且自己也熱愛的工作，收入也相當穩定。雖然我的第一段婚姻以失敗告終，但和特瑞在一起的我幸福到爆，一切的一切都在證明歷史並非一定會重演。

我已經下定決心，這次一定要扮演好父親的角色。我和特瑞打算把孩子生下來，我知道這將會是我此生做過最快樂的決定。

我想得沒錯。

二〇一三年一月八日，特瑞在好萊塢的凱薩醫院誕下我們的愛情結晶莫希，她不是洛杉磯熟女，而是我的洛杉磯小女人。莫希為我的生活帶來了無與倫比的幸福和平靜感受，此時的我已徹底戒掉古柯鹼，也不再有想從旁人身上撈錢的欲望，我現在只想當個好爸爸。為了莫希，我會努力把生活過好。

當我第一次抱起她時，我用既溫柔又認真的語氣對她說：「我發誓一定會讓妳過上最好的生活。」

有了莫希後，我突然有股衝動，覺得自己一定要再和潔姬說說話，我想聽聽她的聲音、看看她最近過得如何、了解她現在的生活；除此之外，我還想讓她和凱西知道自己已經痛改前非（而且是認真的），可以擔任潔姬生活中必要的角色。我翻出凱西的電話，並打過去留了一通語音訊息，幾天後，我接到回電。

凱西用平和的語氣問道：「喬伊，這些年你過得還好嗎？」聽到她的問候，我有些驚訝，也有些開心。

「我過得很好，真的，我過得挺不錯的。」

我把所有的事情都說給她聽，還提到我再婚了，現在生活過得很美滿，而且又有了一個女兒。她說她知道我的事業發展得不錯，並恭喜我取得些成就，還說看到我一切都好她覺得很開心。我沒想到她居然會說出這些話，所以有些吃驚，沒想到她話鋒一轉，居然直接問我：「那你老婆知道你是毒蟲嗎？」

「凱西，那都是過去式了，我已經不碰那些亂七八糟的東西了，我現在只抽大麻。」

她完全不相信我的話，並說：「你不可能戒掉的，不可能，你每次都說你會戒，但下一秒又立刻陷進去。」

她永遠都是這樣，明明聊得好好的，但最後一定要哪壺不開提哪壺，講些令人不爽的話。我回答她：「我能理解妳為什麼會這樣想，對於過去那些事情，我感到很抱歉，但我是說真的，我現在已經洗心革面了。」

其實我也不怪凱西會做出這些反應，換作是我，我也不會讓莫希靠近二十幾歲時的自己半步。最後凱西告訴我，潔姬這陣子因為爺爺過世和分手，所以過得不是很好，但她覺得讓我們父女倆聯絡不是一件壞事

凱西說：「我會把你的話轉達給她，我想應該過幾天她就會打給你了。」

從那天起，我再也沒有聽到關於他們的消息，但說來奇怪，這次我居然沒有什麼反應……我終於釋懷了。在被這件事折磨了這麼多年後，我終於願意坦然接受現實。多年前，

我放棄了當一名好父親的機會，導致他們不認為我配擁有第二次機會，但我現在可以當莫希的父親，也一定會把這個角色演得有模有樣。

此時，我生活中的其他面向不知道為什麼，都突然變得圓滿起來。舉例來說，在過去幾年間，每當我到亞利桑那州的俱樂部表演時，我都會嘗試聯絡被我綁架過的羅姆・梅登（Rome Madden）[1]，因為我知道他就住在這附近。我知道他不可能和我見面，我還是希望能當面和他說聲抱歉。

最後我在《大代誌小教堂》上正式和他道歉。但其實我內心還是希望能見到他、抱抱他，告訴他自己很後悔當初做了那些事情；我覺得唯有如此，自己才能真正放下這件事。在努力了七年後，他終於答應來圖森市看我表演，演出結束後。我們把話說開了，還哭著抱了抱彼此，最後我發自內心的向他說了聲對不起。我很高興還能再見到他，也很開心自己終於能卸下這份重擔。

我的演員事業也開始往好的方向發展，二〇〇二年出演《老大靠邊閃2》時，我雖然有幸與勞勃・狄尼洛合作，但當時我的私生活只能用一場糊塗來形容。

因此，當我再次獲得與狄尼洛（這次還有席維斯・史特龍〔Sylvester Stallone〕）共同

1 編按：在第十四章被喬伊綁架的人應為肯特・維拉；此處可能為作者筆誤，或是該人改名。

出演《進擊的大佬》（*Grudge Match*）的機會時，我內心真的相當激動，因為現在我已經洗心革面了。這次我甚至可以和狄尼洛面對面飆戲！他確實就和大家描述的一樣，是個超酷的大好人，他甚至還採納了我的建議，把自己的臺詞改得更搞笑一些。

《進擊的大佬》於二〇一三年聖誕節上映，口碑與票房表現都相當亮眼，這部電影的成功讓我體驗到了與之前截然不同的感覺。

讓老媽自豪的男子漢

電影上映後，我整個人興奮到不行，便在播客上宣布自己明天會到北好萊塢某戲院看八點鐘的場次，邀請想和我見面的粉絲請提前到場，我們可以一起在外面呼麻。

我原本預計只會有十到十五人出席，但當我抵達現場時，卻發現來了一百多人。看到我出現，所有人都向我報以熱烈的掌聲，最後我們在一大團麻煙中嗨聊。我覺得自己好像參加了一場隆重的首映會，直到今天，每每想起當天的情景，我都還能感受到那時的悸動。

至於我的喜劇生涯，從二〇一四年前幾年開始，我就沒有在喜劇量販店表演了，因為那裡已經變得跟以前不一樣了（如果你是在那段期間活躍於洛杉磯的喜劇人，一定知道我在講什麼）。到了二〇一四年，喜劇量販店的星探亞當・艾格（Adam Eget）聯絡上我，說想請我回去表演，但我沒有給他明確的答覆，只是告訴他我需要考慮一下。

當時我正準備要去做人生首次大腸鏡檢查，有做過的朋友都知道，檢查前一晚必須服用瀉藥，所以基本上那一整晚你只能坐在馬桶上瘋狂炸屎，不可能有機會睡覺。

此時，徹夜難眠的我突然看見電視在播放彼得．謝勒（Peter Sellers）的電影（彼得．謝勒是瑪莉蓮最愛的演員），電影結束那一刻，我哭了，我覺得這一定這是瑪莉蓮的暗示，她希望我回喜劇量販店表演。你懂的，無論瑪莉蓮要我做什麼事，我都會答應，所以我便通知亞當自己會登臺演出。

我和他敲定表演細節，並如期登臺──「能再次回到全球知名的喜劇量販店表演真是太爽了！」

第一晚我就察覺到，喜劇量販店又找回當年那種人聲鼎沸的氛圍了，一走進大門，我就感受到滿滿的能量撲面而來，這種物是人非的感覺真他媽詭異。

此時的我早已是身經百戰的喜劇演員，不少新手都會來向我討教單口喜劇的技巧，所有人都聽過我的大名，也都很尊重我，有我的場子一定都是高朋滿座，粉絲都想親耳聽聽我的段子。晉升為喜劇圈前輩的我開始擔任晚輩的導師，現在的我成了名符其實的喬叔。

幾年後，我的喜劇事業又更上一層樓，全國廣播公司（NBC）找上我和道格．史坦霍普錄製日播型喜劇節目，網飛甚至為我了錄製了一期長達半小時的《墮落大雲集》（*The*

Degenerates）特輯。

我開始在一千五百人座的劇院表演，我從沒想過自己能居然能站上這麼大的舞臺；除此之外，我還在「不好笑我去死，趣味喜劇與奇觀歡樂巡迴秀」（Funny or Die's Oddball Comedy & Curiosity Festival Tour）上和丹尼・庫克（Dane Cook）和賽巴斯汀・曼尼斯卡爾科（Sebastian Maniscalco）一起取悅觀眾。

與此同時，《大代誌小教堂》的收聽率越來越高，我的社群媒體追蹤人數也與日俱增。總而言之，我的人生就是在登臺、寫作、進化、呼麻（每週飯量四十二公斤）、吃大麻食品（量多到我根本數不清）與瘋狂工作這幾件事情間來回打轉。

我從零開始，除了一手打造出屬於自己的喜劇事業，手上還有數十個表演合約（合作的對象不乏業界大腕），更培養出了一群和我感情好到像家人的粉絲。現在的我走在路上總是會被人索要簽名，並要求合照，我靠自己的努力獲得了我想要的成功。最棒的是，我終於和我今生最愛的女人結為連理，並和她攜手建立了一個真正的家，還有了個超級可愛的女兒。

我為自己感到驕傲，也知道自己已經成為老媽眼中足以讓她自豪的男子漢，這感覺真的屌爆了。

各位朋友，以上就是喬伊叔叔的人生故事。

後記

這一次，我以男人的身分回到家鄉

二〇二〇年夏天，我帶著特瑞跟莫希坐在喜劇量販店門口的石階上，回想這一路走來的種種。此時正值新冠疫情高峰，所有商店都關門了，所以我們無法進入裡面參觀，但其實我們也沒必要進去，我們只不過是想在離開洛杉磯前，在這裡靜靜待上幾分鐘，反芻過去所有經歷。

我們告訴莫希這個地方對爸爸媽媽來說相當重要，如果沒有喜劇量販店，爸爸跟媽媽就不會相遇，她也不會來到這個世界上。除此之外，我還告訴她爸爸的事業和生活都因為喜劇量販店而徹底改變。

米茲・蕭爾幾年前過世了，而我也可以沒有牽掛的和此處道別，我在心中默默感謝她和喜劇量販店，謝謝他們當初待我不薄。這次是真的曲終人散了，我們要回紐澤西去，回到我的故鄉，和特瑞一起把女兒扶養成人。

二〇一七年聖誕節，我和特瑞因為想讓女兒開開眼界，看看聖誕假期的紐約是什麼樣子，便帶她到紐約度假；當時我們就已經討論過要搬到東岸居住。

我們看遍了紐約各大景點，包括無線電城音樂廳的火箭女郎、洛克菲勒中心聖誕樹、在布萊恩特公園溜冰的民眾、聖派翠克大教堂，還在當地知名的中餐廳跟義大利餐廳大啖美食。我覺得特瑞在紐約就像變了一個人似的，眼睛都亮了起來，看來她是真的很喜歡紐約這座城市。

在即將搭上返回洛杉磯的班機時，特瑞突然拉住我。

她說：「我們為什麼要回洛杉磯？」

我驚訝的問道：「妳說什麼？」

她說：「我希望我們可以住在這裡，你還沒做好回家的心理準備嗎？」看著她泛著淚光的雙眼，我知道她是認真的，她不想離開紐約。

我慎重其事的回她：「我覺得我已經準備好了。」

兩年後，我得到出演《紐華克聖人》（*The Many Saints of Newark*，《黑道家族》前傳）的機會。當年我為了得到《黑道家族》中的角色煞費苦心，如今能再次參與同系列作品，我自然喜出望外，尤其這次還可以和大名鼎鼎的大衛·雀斯（David Chase）合作。

我們先是在紐約市拍了三個星期，接著劇組給我放了十天假，並安排我再回紐約拍攝兩週。拍攝期間，我再次跟孕育我的這片土地產生連結，並想起自己的童年，直到最後我發現自己再也離不開這裡。

回到洛杉磯後，我告訴特瑞：「我們走吧，離開洛杉磯回紐約去。」請不要誤會，我很喜歡洛杉磯，但在外地打拚的這些歲月，我覺得自己整個人都被要掏空了。莫希出生時，我就對她許下承諾，答應她我會努力當一個好爸爸。然而，洛杉磯喜劇演員跟父親這個角色似乎越來越難並存。

我對家庭的觀念其實滿傳統的，而洛杉磯這個地方並不符合我的標準，我的夢想是一家人住在小社區裡，莫希可以和三五好友一起遊戲，過著正常的生活。

頻繁地到外地工作會剝奪我與家人相處的時間，在喜劇圈工作免不了要到處跑，這種生活模式會對我的精神造成負面影響。二〇一九年聖誕假期前夕，我對經紀人說自己真的累了，不想再過這種四處奔波的生活，但他似乎沒有把我的話聽進去。

我只想休息、只想能有多點時間和家人相處。

同年除夕夜，莫希突然說出一句令人心碎的話，她說：「爸爸，我希望你待在家的時間可以長一些。」

莫希的話深深打動了我，而我也下定決心一定要做出改變，我失去過家人一次，絕不能再重蹈覆轍。從這一刻起，我的人生目標就是不再四處奔波、離開洛杉磯，以及搬回東岸生活。

我時常會想起好友拉菲·梅，他幾年前因心臟病發去世，但我總是認為他是因為心碎而撒手人寰。他在人生最後的那幾年過得並不好，除了無法按照自己想要的方式生活，工作（工時與四處奔波的工作型態）也開始蠶食他的健康。

這件事讓我不由自主回憶起老媽，以及她猝死前的最後一段時光，她走得太早了。我不想和他們一樣早早離開這個世界、我想快快樂樂的生活、我想像東尼．班奈特（Tony Bennett）那首歌[1]唱的一樣長伴家人左右。

回到紐澤西

二〇二〇年一月，柯比．布萊恩（Kobe Bryant）因墜機身亡，那天我正好從亞特蘭大市回洛杉磯，當飛機降落在洛杉磯國際機場時，一種古怪的感覺突然籠罩我的心頭。我聽說中國那邊出了大事，但並不知道會這麼嚴重，只知道機場裡戴口罩的人變多了。那天洛杉磯的天空陰鬱多雲，看起來不像加州的陰天，而是更像東岸一帶的灰。還有風，不知道為什麼，洛杉磯居然吹起了澤西市萬聖節時常出現的怪風，總而言之，一切都讓人感到有點不對勁。事後想想，這一切應該都是因為柯比離開了我們。

這種古怪的感覺一直縈繞在我的心頭。

二〇二〇年三月初，我在喜劇量販店聽到大家在討論「社交距離」的話題，此時新冠肺炎已經全面爆發，我內心當然也是怕得半死。就在我站在角落準備登臺表演時，那種揮之不去的詭異感覺又猛然向我襲來，於是我謊稱自己人不舒服，取消了下半場演出，接著便回家了。

當時的我並不知道，這次離開竟然會是我與喜劇量販店的訣別。

疫情很可怕，也令我感到無所適從，為了假裝一切都很正常，我只能繼續定期錄製播客節目（錄音地點現已改到位於某葬儀社對面的錄音室）。除了錄音，我每天能做的，就是在疫情肆虐的環境中掙扎求生。近幾年來，我發現自己偶爾會感到焦慮不安，但在疫情期間，我的恐慌症每天都會發作好幾次。也就是說，新冠疫情正在摧殘我的精神狀態。

又過了一段時間，當我外出時，我發現城市的各個角落都在上演只有在電影裡會出現的情節：藥局外某男性正在痛毆一名妓女；下午兩點半，在洛杉磯大街與蘭克辛大道交接處，一名男子揮舞著木棍隨機攻擊路人；市內遊民人數暴增；幫派分子開始在莫希學校附近群聚……我上一回目睹以上畫面已經是三十年前的事了。我又開始過著槍不離身的生活，因為我根本不知道自己會碰上什麼麻煩。

如果說在拍攝《紐華克聖人》期間，我只是稍微動了一下想離開洛杉磯的念頭，那麼

1 譯按：*I Wanna Be Around...*。

現在我只想說我們「非走不可」。我聯絡了一位住在紐澤西州的朋友（吉米．佛羅倫薩〔Jim Florentine〕，他也是喜劇演員），問他是否認識能幫我立刻找到住處的房地產經紀人。碰巧他大嫂就是房仲，在她的協助下，我們找到了一棟完美的房子，隨時都可以打包離開。

然而，離開洛杉磯也代表我必須忍痛結束《大代誌小教堂》，這可是我和李一手打造的心血結晶，我們當初根本沒想過這檔節目會這麼成功。我發自內心感謝李這八年來的陪伴，這段時光將成為我一生中最美好的回憶。

在準備離開這座城市的那天，我們去了一趟喜劇量販店，坐在門口的臺階上，我和特瑞都知道離開才是對的。我知道自己一定還會再回來的，我不可能永遠不再踏進喜劇量販店，但我們現階段也只能先向它告別。

在飛往紐澤西的班機上，我耳邊不斷響起老媽那句「成為一個男子漢」。我在一九八五年離開紐澤西，當年我是個毫無可取之處的廢柴，做事從不考慮後果，但後來我靠自己的力量在社會贏得一席之地，並在改頭換面後帶著家人，以及身而為人的尊嚴榮歸故里。

這一次，我是以男人的身分回到紐澤西。

——喬伊．「可可」．狄亞茲

謝詞

親愛的讀者，我知道我的人生經歷很狂，我本以為自己活不過三十七歲，也從沒想過自己會有任何成就。我一直覺得自己如果不是死在監獄，就是橫屍街頭，因為我覺得自己只配過這種生活。

然而，我在二〇〇〇年認識了一個名叫特瑞．克拉克的年輕女孩，她徹底改變了我的人生軌跡。特瑞來自田納西，我倆幾乎沒有任何相似之處，她在知名的喜劇量販店擔任服務生，而我則是一名庸庸碌碌的喜劇演員。然而，在我們四目相交的那一刻……神奇的事發生了！

我身上有很多問題，不但有毒癮，還背著多條前科，但她不僅不覺得我是個爛人，還發自內心接納我這頭喪家之犬。約會了幾個月後，特瑞就讓我住進她的公寓，我常常會做出一些失控的行為，但她卻用愛慢慢感化我。我花了一點時間才真正了解身邊這個女人，並重新找回對生活的控制權。我再也不想讓旁人失望了，於是暗自下定決心，這輩子絕對不讓特瑞難過，而我們也一路走到現在。

我想謝謝我的太太，感謝她給我力量，讓我能夠去實現自己的目標，並出版這本自傳。

感謝妳給了我一個不一樣的人生和可愛的女兒……我永遠愛妳們。

我要感謝戲劇泰斗李察．普瑞爾，是你打開了我的眼界，並讓我知道一個人可以大膽的做自己。

感謝戴斯．克萊不停鞭策我，並讓我知道夢想並非只是空想；感謝吉米．艾貝塔（Jimmy Abeyta）、陶德．喬丹（Todd Jordan），以及丹佛市的喜劇工廠，謝謝你願意給我一個機會。感謝喬許．沃爾夫、卡爾．沃曼霍夫（Carl Warmenhoven）、隆納．李德（Ron Reid）、羅德．隆（Rod Long）、里克．杜科蒙，以及喜劇基地，謝謝你們給我成長的時間與空間。

我的感謝名單怎麼可能少了米茲．蕭爾和保羅．慕尼（Paul Mooney）這兩個名字，你們是我的引路人，我永遠對他們心懷感激。他們傳授給我的人生經驗是無價的，為了紀念你們，我會把這些智慧繼續傳給下一代。

喬．羅根，你這個賤人……謝謝你的友情陪伴，也謝謝你讓我知道我有逐夢的潛力；亞利．沙菲爾、鄧肯．圖拉歇爾（Duncan Trussell），謝謝你們在喜劇量販店的相挺；布萊恩．雷德班（Brian Redban），感謝你在播客事業上帶給我的啟發，讓我可以和全世界的觀眾分享自己的故事。

我還想感謝尤寧城跟紐澤西，這兩個地方讓我認識了古巴的文化；我還要感謝老媽的酒吧，我在那裡學到許多寶貴的知識。說實在的，我的喜劇基礎其實就是在這幾個地方打下的。除此之外，我還要感謝北伯根鎮，因為我在那裡收獲了教育和愛情。下列都是我的家人，沒有你們，就沒有今天的我：班德一家人（the Benders）、魯尼一家人（the Runnes）、巴札諾一家人（the Balzanos）、艾斯克萊斯一家人（the Ascolesses）、巴隆先生，謝謝你們在我需要朋友時挺身而出。謝謝你，我的老師特拉諾瓦先生，你救了我一命。感謝威拉諾一家人（the Vilanos）、康提一家人（the Contys）、塔巴斯克一家人（the Tabascos）、魯巴諾一家人（the Lubranos）、金特羅一家人（the Quinteros）、阿維羅一家人（the Avillos）、哈羅威一家人（the Holloways）；感謝吉米．伯克，謝謝你帶我見識了人生的另一種活法，我很想念你。麥克．道菲（Mike Duffy），你這個瘋子！我還特別感謝我的好兄弟喬治．K（George K），你們一家都是大好人！

安東尼．巴札諾、多米尼克．斯皮查勒（Dominick Speciale）……我每天都會想到你們，我永遠不會忘記你們。

如果你發現我漏掉你的名字，請不要因此生氣……我愛你們！

拱橋 0005

狗屁倒灶

從嗑藥少年到單口喜劇野獸，喬伊・狄亞茲在悲劇人生提煉出的極限反轉

Tremendous: The Life of a Comedy Savage

作者　喬伊・「可可」・狄亞茲（Joey "CoCo" Diaz）、
艾瑞卡・弗洛倫丁（Erica Florentine）
譯者　朱家鴻
主編　張祐唐
校對編輯　李芊芊
封面設計　林彥君
內頁設計　陳相蓉
特約行銷　鍾宜靜
行銷經理　許文薰
總編輯　林淑雯
出版者　方舟文化／遠足文化事業股份有限公司
發行　遠足文化事業股份有限公司（讀書共和國出版集團）
231 新北市新店區民權路 108-2 號 9 樓
電話：（02）2218-1417
傳真：（02）8667-1851
劃撥帳號：19504465　戶名：遠足文化事業股份有限公司
客服專線：0800-221-029　E-MAIL：service@bookrep.com.tw
網站　www.bookrep.com.tw
印製　中原造像股份有限公司
法律顧問　華洋法律事務所　蘇文生律師
定價　460 元
初版一刷　2024 年 11 月

國家圖書館出版品預行編目（CIP）資料

狗屁倒灶：從嗑藥少年到單口喜劇野獸，喬伊・狄亞茲在悲劇人生提煉出的極限反轉／喬伊・「可可」・狄亞茲（Joey "CoCo" Diaz），艾瑞卡・弗洛倫丁（Erica Florentine）著；朱家鴻譯. -- 初版. -- 新北市：方舟文化，遠足文化事業股份有限公司，2024.11
336 面；14.8 × 21 公分
譯自：Tremendous:The Life of a Comedy Savage
ISBN 978-626-7442-94-4（平裝）
1.CST：狄亞茲（Diaz,Joey Coco.）　2.CST：喜劇　3.CST：演員　4.CST：傳記　5.CST：美國
785.28　113013467

方舟文化官方網站　方舟文化讀者回函